D1695754

Hans-Peter Becht (Hrsg.)
Millennium

Sonderveröffentlichungen
des Stadtarchivs Pforzheim

Band 3

Herausgegeben von
Hans-Peter Becht

Hans-Peter Becht (Hrsg.)

Millennium

Beiträge zum
Jahrtausendwechsel

verlag regionalkultur

Die Deutsche Bibliothek – CIP-Einheitsaufnahme
Millenium : Beiträge zum Jahrtausendwechsel / hrsg. von Hans-Peter Becht. -
Ubstadt-Weiher : Verl. Regionalkultur, 2002
   (Sonderveröffentlichungen des Stadtarchivs Pforzheim ; Bd. 3)
   ISBN 3-89735-198-6

Herstellung: verlag regionalkultur, Ubstadt-Weiher
Lektorat und Satz: Jens Hartmann / Jürgen Weis
Umschlagentwurf: Andrea Sitzler

Dieses Buch ist auf alterungsbeständigem und säurefreiem Papier (TCF nach ISO 9706) gedruckt entsprechend den Frankfurter Forderungen.

Alle Rechte vorbehalten.
© verlag regionalkultur
Stettfelder Str. 11 · 76698 Ubstadt-Weiher · Telefon (0 72 51) 6 97 23 · Fax 6 94 50 ·
eMail: kontakt@verlag-regionalkultur.de · http://www.verlag-regionalkultur.de

Inhalt

HANS-PETER BECHT
   Vorwort 7

JOHANNES FRIED
   Perspektiven der ersten Jahrtausendwende:
   Kaiserpolitik – Endzeiterwartung – Aufklärung 9

GERHARD FOUQUET
   Zeit und Geschichte. Endzeiterwartungen, utopisches Denken und
   Jahrhundertwenden im Spätmittelalter 29

MICHAEL SALEWSKI
   „Heute noch Fin de siècle – was werden wir morgen sein?"
   Die Jahrhundertwende von 1900/1901 59

ANGELA und KARLHEINZ STEINMÜLLER
   Zeitenwende 2000 75

Die Autoren 91

Vorwort

Der Jahrtausendwechsel war – obgleich er ja nur in der christlichen Zeitrechnung stattfand – ein weltweites Ereignis und eines der wenigen, das man sogar zweimal feiern konnte: einmal anläßlich der Jahreswende 1999/2000, als der Wechsel aller vier Stellen der aktuellen Jahreszahl das bessere Wissen der Chronologie mühelos in den Hintergrund zu drängen vermochte, und dann ein Jahr später, vor dem Neujahrstag 2001, als das 20. Jahrhundert tatsächlich endete und dem 21. Säkulum Platz machte.

Vieles an der Millenniumseuphorie war „gemacht", war Resultat zielstrebigen Marketings, wenngleich das ‚self fulfilling' der ‚prophecy' doch nicht ganz so reibungslos funktionierte, denn zum Jahrtausendwechsel blieben zahlreiche der maßlos überteuerten Hotelzimmer, Reisen und Arrangements unverkauft, und die Silvesternacht des Jahres 1999 verlief kaum spektakulärer als vorangegangene Jahreswechsel – ein gewisser „finaler Millenniumsüberdruß" mag hier auch eine Rolle gespielt haben. Das Besondere des Jahreswechsels vermittelte sich in den typischen Formen des „Medienzeitalters": Jahrhundertrückblicke im Fernsehen, Titelgeschichten in Magazinen und Zeitungen, Buchpublikationen höchst unterschiedlicher Qualität und schließlich Zukunftsprognosen, die das gesamte Spektrum vom Katastrophenszenario bis zur rosarot ausgemalten Idylle abdeckten. Die Ereignisse des 11. September 2001 und ihre Folgen haben – zumindest vorläufig – die Idyllevisionen bereits in den Hintergrund treten lassen.

Drei der vier in diesem Band vereinigten Beiträge gehen auf einen Vortragszyklus zurück, den die Stadt Pforzheim im Jahre 2000 anläßlich des bevorstehenden Jahrtausendwechsels durchführte. Ziel des Vortragszyklus war es gleichsam, die Magie der runden Jahreszahl in historischer Perspektive zu beleuchten. Den Auftakt bildete Johannes Frieds Referat über den einzigen Jahrtausendwechsel, den es vor Silvester/Neujahr 2000/2001 gegeben hat. Im Anschluß daran referierte Gerhard Fouquet über spätmittelalterliche Endzeiterwartungen und schließlich Michael Salewski über das Jahr 1900. Michael Salewskis Idee, zusätzlich einen Beitrag aus der Perspektive der Zukunftsforschung von Angela und Karlheinz Steinmüller in den Band aufzunehmen, haben wir gerne aufgegriffen, denn eigentlich wird dieses Buch nur durch den Blick nach vorne seinem Anlaß wirklich gerecht.

Alle Beiträge dieses Buches verfolgen zwei Leitfragen: Zum einen thematisieren sie die am Jahrhundert- oder Jahrtausendwechsel festgemachten Epochenwechsel, die aus diesem Anlaß vorgenommenen Rückblicke und die Erwartungen an die Zukunft. Zugleich betten die Autoren aber auch die Epochenwechsel und ihre Wirkungen in die jeweiligen Epochen ein – gleichsam Centennium und Millennium zum Quadrat oder, bei umgekehrtem Blickwinkel, die aus beiden Phänomenen gezogene historische Wurzel.

Die Referate des Vortragszyklus, ursprünglich im Abstand von mehreren Wochen gehalten, erlangen nebeneinandergestellt zusätzliche Aussagekraft, die Parallelen wie die Unterschiede zwischen der Erwartung des jüngsten Gerichts um das Jahr 1000, der Endzeiterwartung des Spätmittelalters und dem Fortschrittsoptimismus an der Wende vom 19. zum 20. Jahrhundert gewinnen an Kontur. Die ‚Waller' des heiligen Jahres 1300 – reisten sie 1900 zur Weltausstellung nach Paris und 1999/2000 nach Kiribati, in unmittelbarer Nähe der Datumsgrenze im Pazifik gelegen, wo man den Jahreswechsel zum frühestmöglichen Zeitpunkt feiern konnte, oder folgten sie gar im Jet dem anbrechenden Millennium? Erschien der – freilich nur vergleichsweise rudimentär vorhandenen – römischen Tourismusindustrie des Jahres 1300 das heilige Jahr nicht wie ein Geschenk des Himmels – ebenso wie der Pariser Hotellerie des Jahres 1900 oder der perfektionierten Tourismusindustrie des Jahres 2000? So sehr sich diese Parallelen auch an Äußerlichkeiten festmachen, sie verdeutlichen doch die Berechtigung des mentalitäts- und sozialgeschichtlichen Vergleichs, zumal dann, wenn die Betrachtungen die zugehörigen Epochen mit in den Blick nehmen. Die Autoren und der Herausgeber sind daher zuversichtlich, daß die hier vereinigten Rück- und Ausblicke auch noch knapp zwei Jahre nach dem eigentlichen Millennium in gedruckter Form ihre Daseinsberechtigung haben. Zumindest aber dürfen wir hoffen, daß die Jubiläumsredner der Jahre 2999 und 3000 dankbar auf die bis dahin natürlich dem Mittelalter zugerechneten Millenniums-Zeugnisse des Jahres 2000 zurückgreifen werden.

Pforzheim, im Frühjahr 2002 *Hans-Peter Becht*

Perspektiven der ersten Jahrtausendwende: Kaiserpolitik – Endzeiterwartung – Aufklärung

von Johannes Fried

„Das eintausendste Jahr übersteigt die Zahl der festgelegten Zählung gemäß jenem Schriftwort, das lautet: ‚Das tausendste Jahr übertrifft und übersteigt alles'. Der Kaiser Otto III. reiste des Gebetes wegen zum hl. Bischof und Märtyrer Adalbert ins Slawenland. Da versammelte er eine Synode und richtete sieben Bistümer ein [...] Von dort kehrte er zurück, feierte Palmsonntag in Magdeburg, das Osterfest in Quedlinburg, Pfingsten aber in Aachen. Dort ließ er aus Bewunderung für den großen Kaiser Karl gegen die Gebote göttlicher Religion dessen Gebeine ausgraben; in der Grabkammer fand man viele merkwürdige Dinge. Deshalb verfiel Otto, wie später offenbar wurde, der göttlichen Rache. Denn jener Kaiser Karl erschien ihm ob seines Frevels und weissagte ihm" sein Ende.

So berichteten die Hildesheimer Annalen zum Jahr 1000, ein Werk das direkt oder indirekt auf den berühmten Bischof Bernward von Hildesheim zurückführt, einen der Erzieher und engen Vertrauten des genannten Kaisers Otto. Was der Annalist verkündete, mußte nachdenklich stimmen: Eben noch die Expansion der Christenheit und dann der Untergang. Dieser Eintrag verdichtete wie in einem Brennpunkt das gesamte Geschehensbündel des Jahres 1000, die eigentümlichen Erwartungen, die den Ereignissen entgegenschlugen, Ottos Pilgerzug nach Gnesen, die Feier der Hochfeste der Christenheit in den herausragenden Königspfalzen und Kirchen, die Suche nach den Gebeinen Karls des Großen und die Aussicht auf den eigenen Tod als Folge religiösen Frevels, kurzum: Kaiserpolitik, Endzeiterwartung und Aufklärung.

Zur Erinnerung übrigens an dieses denkwürdige Geschehen versammelten sich im März des Jahres 2000, genau nach 1000 Jahren, die europäischen Staats- und Regierungschefs in Gnesen, im Herzen Polens, dem Sitz des polnischen Primas.

Der Hinweis auf Ottos Tod kann freilich frühestens im Jahr 1002 erfolgt sein, wenn nicht unbestimmte Zeit danach. Der Annalist verschmolz somit Früheres und Späteres in geschichtsklitternd anmutender Weise zu einem Vergangenheitsbild. In der Tat, der zitierte Bericht wurde erst Jahrzehnte *nach* den Begebnissen, um 1060, fixiert. Doch hatte er zeitgleiche Vorlagen benutzt, ohne daß sich heute noch klären ließe, was sein

Autor unverändert aus diesen, was er aus eigenem Zutun geschöpft, um sein Bild zu vollenden. Hier öffnet sich eine grundlegende Schwierigkeit aller frühmittelalterlichen Geschichte, mit der es der Historiker immerfort zu tun hat, ja, aller Geschichtsforschung überhaupt, und die ich Ihnen, verehrte Damen und Herren, nicht verschweigen will. Was die Geschichtsschreiber tradierten, sind trübe Mixturen des sein Wissen mit einer Vielzahl von mehr oder weniger gut informierten Zwischenträgern aushandelnden kollektiven und des stets manipulationsbereiten kulturellen Gedächtnisses. Erinnern und Vergessen fließen da in eins und bieten ein schwankendes, schattenhaftes Vergangenheitskonstrukt, das nur noch annäherungsweise festhält, was tatsächlich geschah. Sie können übrigens, meine Damen und Herren, derartige Erinnerungsverformungen ohne weiteres selbst beobachten, sobald Sie – sagen wir – Täter, Opfer und Zeugen eines einfachen Verkehrsunfalles befragen; möglichst nicht des eigenen ... Wieweit vermag also ein Historiker von heute, nach Wahrheit und Wirklichkeit gierend, in derartig manipulierende Konstrukte von damals noch einzudringen?

Sie erwarten gewöhnlich von uns Historikern und Geschichtsschreibern, daß wir Ihnen sagen, wie es einst gewesen. Ich muß Sie in dieser Hinsicht bitter enttäuschen. Was einstmals geschah, ist für alle Zeit vorbei, verflossen, entschwunden. Glauben Sie keinem noch so renommierten Lexikon, keinem noch so berühmten Historiker, der Ihnen das Gegenteil zu suggerieren trachtet. Niemand kann Vergangenes wieder zum Leben erwecken, niemand es in seiner unendlichen Fülle überschauen, vorstellen oder in Worte fassen. Es ist unsichtbar, ungreifbar, unsagbar, für ewig abwesend. Die Geschichte aber, das Bild, das vom Vergangenen entworfen wird, ist – bitte verstehen Sie mich recht – meine Schöpfung. Was ich erwähne, wie ich es verknüpfe, mit welchen Worten ich es sage, welche Wirkungen ich damit erziele, welche Gefühle ich damit wecke, das ist mein Werk. Der Geschichtsschreiber, der Historiker tritt als absoluter Herr der Geschichte hervor; ohne ihn gäbe es sie nicht. Geschichte ist eine Kunst.

Eine solche Bemerkung mag größenwahnsinnig klingen, in ihr spiegelt sich aber tiefste Resignation. Die Wahrheit über das, was geschah, ist uns allenfalls punktuell, in verstümmelnden Ausschnitten möglich, nie in ihrer Gesamtheit, nie in ihren unendlichen Verästelungen und Wechselwirkungen, in der undurchdringlichen Vielfalt der Anstöße, die von einem Geschehen ausgingen. Jeder Historiker in seiner Endlichkeit und Kleinheit vermag nur wenige Punkte dieser Unendlichkeit zu erfassen; und jeder Historiker erfaßt andere Punkte, ja, da er stets unterschiedliche Voraussetzungen mitbringt, dieselben Punkte anders als seine Vorgänger, schreibt er von denselben nicht einfach ab. Schlimmer noch: Wir alle erfassen, was wir erfaßten, immer wieder neu, niemals gleich. Nähern wir uns später wieder demselben Gegenstand, den wir vor Tagen oder Jahren betrachtet haben, so ist alles anders geworden, nicht zuletzt wir selbst. Auch dies können Sie an sich selbst überprüfen. Denn niemand steigt zwei Mal in denselben Fluß.

Sie also, meine Damen und Herren, wollen von mir etwas über das Jahr 1000 unserer Zeitrechnung hören. Andere Historiker würden Ihnen eine andere Geschichte vortragen.

Ich erzähle, was ich mir in langen Jahren der Beschäftigung mit dem Gegenstand für hier und heute zurechtgelegt habe, und beginne mit einem weitgespannten Überblick über die damalige westliche Welt. Bevölkerungshistoriker halten sie für sehr ungleich besiedelt. Doch die Zahl der Menschen wuchs; sie erzeugte einen sozialen Druck, der mancherorts als Überbevölkerung wirkte. Dichter bevölkerte Regionen wie das muslimische Spanien, die Île de France, das Rhein-Main-Gebiet oder die Lombardei erwiesen sich zugleich als die ökonomisch entwickelteren. Die Ausbauzonen lagen in den großen Waldregionen, den unberührten Urwäldern, die kaum der Fuß eines Jägers betrat. Der Odenwald etwa wurde im 9./10. Jahrhundert erschlossen; der Schwarzwald wohl erst im 12. – Hörige, die Arbeitskräfte des früheren Mittelalters, liefen ihren Herren in Scharen davon; mitunter ließen diese sie gerne ziehen, um die hungrigen Mäuler nicht stopfen zu müssen. Aus dem um 1025 aufgezeichneten Hofrecht des Bischofs Burchard von Worms kennen wir Rechtsprobleme mit Aus-, Ein- oder Rückwanderung der bäuerlichen Bevölkerung. Zumeist stritt man sich um das Erbe. Erste Anzeichen von Landflucht lassen sich wahrnehmen. Die entstehenden Städte zogen das Landvolk an. „Manpower" war allenthalben begehrt; die Kostenfrage trat hinter den Gewinnaussichten zurück.

Politisch gesehen, formten oder stabilisierten sich damals die Reiche und Nationen, bevölkerten sich die Städte, die noch heute Europa kennzeichnen.

Spanien erlebte unter den Kalifen von Cordoba eine seiner herrlichsten Blüten.

> Wo ist das Paradies, wenn nicht bei euch zuland?
> Ich würde *dieses* wählen, hätt' ich die Wahl.
> Ihr, die ihr's bewohnt, bangt um die Hölle nicht!
> Denn auf das Paradies folgt niemals Höllenqual.[1]

So besang damals ein arabischer Dichter das Land. Araber, Mauren, Juden, einheimische Christen, die Sprachenvielfalt von Arabisch, Hebräisch, Lateinisch und den Idiomen des Volkes sorgten für eine einzigartige geistige, wissenschaftliche, technische, künstlerische Hochkonjunktur, die wir zutiefst bewundern müssen. Selbst die Liebesgedichte bedienten sich einer bezaubernden Mischsprache.

Meu sidi Ibrahim,	Mein Herr Ibrahim,
ya tu omne dolge,	o du süßer Mann,
vent' a mib	komm zu mir
de nohte!	des Nachts!
In non, si non queris,	Wenn nicht, wenn du nicht willst,
yreym' a tib.	komm ich zu dir.

---

1 Wilhelm HOENERBACH: Islamische Geschichte Spaniens. Übers. der Amal Al-Alam und ergänzender Texte, Zürich 1970 (= Die Bibliothek des Morgenlandes), S. 50.

Immerhin, die Reconquista, die Wiedereroberung des Landes durch Christen, begann sich zu regen; sie sollte die folgenden fünfhundert Jahre dauern. – Auch nach Sizilien und nach Kalabrien hatte der Jihad, der Heilige Krieg, den Islam getragen – durchaus zum Wohle des Landes, das fortan an der Blüte der muslimischen Kultur partizipierte.

Weiter im Norden, in Frankreich, etablierte sich, als die Ottonen herrschten, das kapetingische Königtum, dessen direkte Nachkommen, die Bourbonen, noch heute Anspruch auf den französischen Thron erheben, der Garant für einen Aufstieg sondergleichen. Die großen Vasallenfürstentümer entstanden. All dies geschah unter kriegerischen Geburtswehen. Raub, Fehden, Gewalt, wohin man schaute. Endlich, kurz vor der Jahrtausendwende, regte sich im Südwesten des Landes eine kraftvolle Friedensbewegung, die der feudalen Zersplitterung der Adelskräfte und der allgegenwärtigen Gewaltbereitschaft Einhalt zu gebieten trachtete. Sie ging bald in die Gottesfriedensbewegung über, eine geschworene Einung der Bischöfe und ihrer Gemeinden. Sie forderten: keine Fehde an den heiligen Wochentagen von Christi Passion und Auferstehung – Donnerstagabend bis Sonntagnacht – besonders die kleineren Adligen waren hier gemeint, Schutz für Bauern und Vieh auf dem Feld, all das und mehr unter Androhung schwerster Strafen.

Dieser Frieden, heiliges Werk, strahlte in das gesamte Königreich Frankreich aus. Im Süden des Landes, in Aquitanien, versammelten sich geradezu die Heiligen zu Reliquienkonzilen, um ihn zu stiften; fromme Kleriker und Mönche nämlich trugen die wunderwirkenden Überreste in kostbaren Reliquiaren aus den verschiedenen Kirchen zu den Versammlungsstätten, auf daß sie dort ihre Wunderkraft bewiesen. Auf freiem Feld, unter Zelten und Schutzdächern vereinten sich so die Heiligen mit den Gläubigen, um das Friedenswerk zu vollbringen. Endzeitliche Vorstellungen sind nicht auszuschließen, wenn auch nicht zwingend erweisbar. „Frieden und Sicherheit" hieß das Stichwort des Evangelisten, das den Weltuntergang einläuten sollte. – Auch in Italien regten sich derartige Trends in Gestalt erster Vorformen der Kommunebildung, einer Art städtischer Verschwörung zum Zwecke des Friedens. Mit ihr begann die Frühgeschichte der europäischen Stadt des Mittelalters, die Keimzelle unserer modernen Bürgerrechte.

Im äußersten Norden, Westen und Osten suchten seit Jahrhunderten beutegierige Wikinger die Meere und Küsten heim, tauchten allüberall auf, bald hier, bald da, stets brandgefährlich. Auf ihren leichten, wendigen Schiffen, Drachen geheißen, umkreisten sie Europa, überfielen England, Schottland und Irland, richteten sich in der Normandie ein, erschienen unvermutet an Spaniens Küsten, landeten plötzlich in Italien, fuhren im Osten die großen Flüsse hinab, um Konstantinopel zu belagern, das Neue Rom, das Haupt der Welt, und in Kiew ein Reich zu gründen. Zumal England geriet in Not. Die große Stadt York wurde erobert, das Danelag in Besitz, das heimische Königtum der Angelsachsen in arge Bedrängnis gebracht. *The Battle of Maldon*, eines der Prunkstücke altenglischer Dichtung, spielte in dieser Zeit (991). „Die Mordwölfe schritten voran (um das Wasser kümmerten sie sich nicht), der Wikinger Schar [...] Sie trugen Schilde über das glitzernde Wasser [...] Da standen gegen die grimmigen Feinde Byrhtnoth und seine Kämpfer [...] Da war Kampf nahe, Ruhm in der Schlacht. Die Zeit war gekommen, daß todgeweihte Männer fallen mußten. Da erhob sich Lärm. Raben kreisten; der Adler war gierig auf Aas. Auf der Erde war Geschrei. Sie ließen aus den Händen feilenharte Speere, die geschliffenen Lanzen flogen, Bogen waren geschäftig, Schild empfing Spitze [...]" So eilten die Verse dahin – ein Heldenlied für ein Zeitalter von Helden bestimmt, eines Erik Blutaxt, Harald Hardrada, einer Sigrid Storrada. Hier dachte niemand an Weltuntergang, Muspilli, Raknarök oder wie immer. Eher sorgten sich die bedrängten Angelsachsen. Wo es sich ergab, erinnerten sie in Predigten und geistlichen Mahnungen an das Kommen des Jüngsten Gerichts.

Und doch war alles Wandel! Jetzt eben, im Laufe des 10. und früheren 11. Jahrhunderts, formten sich in Skandinavien drei kraftvolle Reiche: das der Dänen, jenes der Schweden und zuletzt Norwegen. Knut der Große regierte wenig später über Dänemark und England. Auch Wilhelm der Eroberer war ein Normanne, später Enkel räuberischer Wikinger, Herzog der Normandie, bevor er 1066 England eroberte. Wo diese Nordleute sich niederließen, gründeten sie feste, wohlorganisierte Reiche: neben der Normandie oder England, im 10. Jahrhundert am Dnjepr die Rus' mit Kiew im Zentrum, seit Beginn des 11. Jahrhunderts etablierten sie sich in Süditalien, später in Tarragona. Die Kiever Rus' nahm gerade das orthodoxe Christentum an. – Island wurde auf tollkühnen Fahrten über das Nordmeer entdeckt, besiedelt und im Jahre 1000 zum Christentum bekehrt; auf Grönland landeten Wikinger und siedelten für wenigstens dreihundert Jahre, an ihrer Spitze Erik der Rote mit seiner Familie; dann erst, im 14. Jahrhundert, vertrieb sie ein Klimasturz; die Ruinen ihrer Häuser sind heute noch sichtbar. Eriks Sohn Leif hielt es nicht bei seinem Vater; er segelte weiter – bedenken Sie: auf leichten, offenen Drachenbooten, 20 Meter lang, 3 Meter breit, starres Segel, 30 Mann an den Riemen – über den Nordatlantik, segelte also und erreichte kurz vor dem Jahre 1000 Vinland, das heute mit Neufundland identifiziert werden kann, die Nordamerika vorgelagerte Insel. Fünfhundert Jahre vor Kolumbus war Leif der erste Europäer, der nachweislich die Neue Welt betrat und davon Kunde nach dem Osten trug. Das Land dürfte Leifland heißen statt Amerika. Wie wäre die Weltgeschichte verlaufen, hätte Eriks Sohn sich dort, im Westen, halten können? Doch Skrälinge schlugen ihn und die Seinen in die Flucht, Eskimos, Indianer, die erst später Opfer des Weißen Mannes werden sollten.

Auch näher bei uns veränderte sich die Welt. Die Slawen schufen sich eigene Reiche: der heilige Wenzel in Böhmen, Miesco und Boleslaw der Tapfere jenseits der Oder. Hier wie dort organisierte sich die lateinische Kirche. Der Kaiser selbst förderte die Mission und die Kirchengründung, wie wir eingangs sahen. Selbst die Ungarn, die wilden Steppenreiter und Schrecken des frühen 10. Jahrhunderts, empfingen unter ihrem ersten König Vajk, Stephan dem Heiligen, die Taufe. Auch daran beteiligte sich Otto III. in hervorragender Weise. Bald brachen große Pilgerscharen aus dem Westen auf, um durch ihr Land nach Jerusalem zu ziehen, denen ein Jahrhundert später die

Kreuzzüge folgen sollten. In Rom und am Rhein registrierte man um 1012 die ersten Judenpogrome.

Die Macht des Islam war gespalten. Afrika und Spanien unterstanden, wie wir sahen, eigenen Kalifen. Im Osten regierte von Damaskus aus al-Hakim. Dieser Kalif hielt sich für den Mahdi, eine endzeitliche Gestalt, wollte das liederliche Leben seines Volkes bessern, verbot den Frauen, sich unverschleiert zu zeigen, Schuhe zu tragen, ja, überhaupt auf den Straßen zu erscheinen. Auch Christen und Juden bekamen seine Hand zu spüren. Sie mußten Erkennungszeichen tragen, Christen im öffentlichen Bad eine Schelle um den Hals, Juden einen Schweinekopf. Klöster wurden aufgehoben, die Grabeskirche zerstört, Pilger gefangen gesetzt. Im Westen hielten manche diesen Herrscher für den Antichristen, den diabolischen Vorläufer der Wiederkehr Christi am Ende der Zeiten. Kurzum: Die Jahrtausendwende war eine bewegte Zeit, die viele Entscheidungen fällte, welche in ihren Wirkungen heute noch spürbar sind.

Kaiserpolitik

Nicht zuletzt in der Mitte Europas zeichneten sich gewaltige Veränderungen ab: Im Jahr 962 wurde der Großvater des genannten Kaisers, Otto der Große, in Rom zum Kaiser gekrönt. Es war ein denkwürdiges Ereignis. Nach langen Jahrzehnten herrschte wieder ein Fürst aus dem Norden über Rom und Italien. Zuletzt, am Ende des 9. Jahrhunderts, hatte Arnulf von Kärnten, ein Nachfahre des großen Karl, sich vom Papst die Krone aufs Haupt setzen lassen. Jetzt aber pochte ein Sachse an die Tore der Ewigen Stadt, kein Franke, ein Angehöriger des zuletzt getauften Volkes im einstigen Reiche Karls des Großen, der im Jahre 800 das westliche Kaisertum nach Jahrhunderten wieder erneuert hatte. Die Wirkung von Ottos Krönung war erstaunlich und völlig anders als zuvor unter dem Frankenkönig, obgleich derselbe das Vorbild für den Sachsen abgegeben hatte. Karl hatte regiert, indem er seine Vertrauten ins Land gesandt hatte, seine Grafen, Bischöfe und Königsboten; Otto indessen herrschte mit Hilfe seines Heeres. Ein endloser Strom großer und kleiner Truppenverbände aus dem Norden ergoß sich nun nach dem Süden: eine bunte Vielzahl unterschiedlicher Völker – Sachsen nämlich, Thüringer, Franken, Alemannen, Bayern und Slawen – stellte die Kontingente. Italien wurde von Krieg überzogen wie seit der Völkerwanderungszeit nicht mehr.

Die Bewohner des zivilisierten Landes dünkten die Ankömmlinge Barbaren; sie waren es auch. Auf jeden Fall waren sie unwillkommene Gäste. Schwer lastete ihre Herrschaft auf dem Land. „Schrecklich war ihr Anblick, krumm ihr Gang, wenn sie daherkamen; in der Schlacht standen sie wie Eisen." Das Wort vom „Furor Teutonicus", eine klassisch-antike Prägung, verbreitete sich wieder. „Es entstand große Not. Pest, Hunger, Feuer und Schwert verwüsteten Italien; Ochsen und Kälber sanken zu Boden, das Land wurde wüst, entsetzlicher Hunger breitete sich aus. Wehe Roma, die du bedrückt und erniedrigt wurdest von so vielen Völkern. Jetzt hat dich der sächsische König genommen. Dein Volk hat er mit dem Schwerte gerichtet und deine Stärke zunichte gemacht. Dein Gold und Silber führen sie in ihren Beuteln mit sich", so jammerte der einzige namhafte italienische Chronist, der damals seine Federn spitzte. Italien konnte die begonnene Konzentration unter einem eigenen König nicht vollenden; auf Jahrhunderte blieb es ein zerrissenes Land. Gleichwohl förderte es eine Einheit, diejenige nämlich der fremden Heere, die sich über das Land wälzten. Dort gewannen jene Sachsen, Friesen, Thüringer, Franken, Alemannen, Bayern und Slawen eine neue Identität und einen neuen Namen: Hier zuerst hießen sie „Tedeschi", „Deutsche". Die Deutschen machte das Heer. Sie hatten die neue Identität weder gesucht noch erstrebt; in Italien aber war sie ihnen aufgedrängt worden. Sie akzeptierten sie allmählich und endlich haben sie sich an den Namen gewöhnt. Doch vergessen wir nicht: Der Krieg hatte sie geeint – eine schwere Hypothek.

Die Beute, die Italien verhieß, war überreich. Die nordischen Barbaren scheuten sich nicht, mitzuschleppen, was sie mitschleppen konnten: Gold, Silber, antike Spolien, Reliquien – kurzum: Beutekunst. Der Magdeburger Dom, Ottos I. Prunkbau, vermag noch heute eine Ahnung davon zu wecken. Der neue Kaiser selbst konnte wieder Gold verschenken. Nicht zuletzt aber, ja vor allem lockten die Sieger Gelehrte, Wissen, geistige Bildung in ihre Länder. „Die ihm nach Erbrecht gebührenden Schätze griechischer und römischer Weisheit zurückzuholen", dürstete noch den Enkel, als er, von dem berühmtesten Gelehrten seiner Zeit, Gerbert von Aurillac, unterstützt, von Italien aus und im Reich eine römische Erneuerungspolitik betrieb. Wissen als Defizit, Bildung als fremder Import wie bei jedem unterentwickelten Land – „Greencard" ottonisch. Ein Besuch in Hildesheim vermag den Erfolg noch heute vor Augen zu führen; die von Bernward entworfene bronzene Christussäule etwa besaß ihre Vorbilder unmittelbar in Rom, in den antiken Trajans- und Hadrianssäulen.

Doch auch die Kosten, die jene Kriegszüge verschlangen, übertrafen alles Bisherige; schwerste Belastungen machten sich geltend. Otto I. selbst weilte nach 962 bis zu seinem Tod 973 fast sieben Jahre ununterbrochen im Süden – nur selten noch in seinen Ländern am Harz. Dort breitete sich Unruhe aus, drohten Rebellionen. Zögernd kehrte der Kaiser zurück, doch starb er alsbald. Sein junger Sohn, Otto II., der ihm mit 18 Jahren in der Herrschaft folgte, war mit der byzantinischen Prinzessin Theophanu verheiratet. Sein Sinn stand in der Folge eher noch stärker nach Herrschaft in Italien und von Italien aus als der seines Vaters. Das „goldene Rom", das „ewige Rom", das „edle Rom, die Herrin des Erdkreises, aller Städte herrlichste", das „Haupt der Welt" und, wie sonst die Attribute lauteten, die Rom zugemessen wurden, besaß eine magische Anziehungskraft. Herausfordernd trat Otto der Jüngere gegen Byzanz auf. Er nahm den anspruchsschweren Titel „erhabener Kaiser der Römer" an, den sein Vater aus Rücksicht auf den Basileus in Konstantinopel noch gemieden hatte. Dieser junge Otto verletzte damit die empfindlichste Seite der Byzantiner, die tatsächlich die direkten Erben des antiken römischen Imperiums waren. Auch scheute er nicht vor einer gefährlichen Expansionspolitik im

Süden des Stiefels, wo er gleichfalls byzantinische Interessen verletzte. Sie endete mit einer vernichtenden Niederlage; ein halbes Jahr später sank auch der Kaiser ins Grab.

Das Land Italien rächte sich auf seine Weise und gab das Leid zurück, welches ihm die Gewaltherren aus dem Norden zugefügt hatten. Bereits die ersten Heere Ottos des Großen vernichtete die Malaria. Und so sollte es auf Jahrhunderte bleiben. Auch die Kaiser verschonte der Morbus Italicus nicht. Otto II. verschied mit 28 Jahren, sein gleichnamiger Sohn hatte gerade 21 Jahre zu leben, bevor ihn sein Geschick ereilte. Eine Rache des Himmels, wie manch ein Zeitgenosse wähnte. Spätere Kaiser sahen sich besser vor. Heinrich II. beispielsweise, der Nachfolger Ottos III., gab Italien zwar nicht auf, weilte aber dort ausgesprochen selten und, wie es scheint, höchst unwillig. Er hatte hier seinen Vorgänger dahinsiechen sehen.

Otto III. aber liebte das Land. Wie kein zweiter regierte er dort, in Ravenna oder von Rom aus, länger als sonst ein mittelalterlicher Kaiser. Der Sohn der Theophanu war auf seine griechisch-römäische Abstammung nicht weniger stolz als auf seine kaiserliche Herkunft. Er ließ sich, ein Römer, am Rande des Palatin eine Pfalz errichten. Der Römer wegen habe er, so hörte ihn der zeitgenössische Biograph Bernwards von Hildesheim rufen, seine Sachsen, seine Deutschen, sein eigen Blut, verlassen. Was er plante, gipfelte in römischer Erneuerung. Wiederentdeckte altrömische, höchst ungewöhnliche neue Titel, die der kaiserliche Knabe einführen ließ, bekundeten es: Konsuln und Senatoren gab es schon zuvor; einen Magister militum, Praefectus navalis, Comes palatii, Patricius, Protospathar und Logothet setzte dieser Otto nun ein. Sichtbar verkündete die Devise des ersten Kaisersiegels, was Otto im Sinne hegte: RENOVATIO IMPERII ROMANORUM. Die durch Jahrhunderte tabuisierte Gestalt der ROMA, der ehedem heidnischen „Göttin Rom" mit Helm, Schild und Speer, brachte das Siegel wieder ins Bild. Weithin spürbar wurde das Neue durch Ottos unmittelbares Handeln. Ausgedehnte Handschriftenstudien moderner Historiker lassen erkennen, wie gründlich Ottos Berater antike Schriften wälzten, durchforschten, kommentierten, um „Rom", alles „Römische" authentisch zu erfassen, um es erneuern zu können. „Unser, unser ist das römische Reich!" rief Gerbert von Aurillac seinem „Schüler" zu, gegen die Herren am Bosporus gewandt. *Rome Romam reparas* („In Rom erneuerst du Rom"), dichtete Leo von Vercelli. Gerade dieser Bischof hatte ausgiebig Cicero und andere Autoren studiert, um seinen Herrn in römischen Dingen kompetent beraten zu können. Dank der Griechin Theophanu kam es zur Wiederbelebung auch der Griechisch-Studien im ottonischen Reich. Unbändiger Bildungshunger prägte die Zeit.

Das Jahr 1000 sah den Gipfelpunkt ottonischer Herrschaft. „Stolz gleich Libanons Zedern erhob sich das Reich, furchtbar allen Völkern weit und breit", so jubelte damals, wenn auch im Blick auf die früheren Ottonen, der Zeitgenosse der Jahrtausendwende, der Bischof Thietmar von Merseburg, unser wichtigster Chronist. Schon rüstete die byzantinische Braut für Otto III. zur Landung in Italien, schon plante man kaiserlichen Nachwuchs, da starb Otto III. in der Blüte seiner Jahre ...

Die geistige Kultur befand sich nicht weniger im Umbruch als die politische Landschaft. Vor allem schritt die Verchristlichung der Gesellschaft voran. Neue Räume wurden der Kirche erschlossen: die slawischen Länder, Ungarn, Skandinavien. Aber auch in den längst missionierten Gebieten konnte man es sehen, mit Händen greifen. Neue Kirchen wurden gebaut, alte, zu klein gewordene abgerissen und größere, schönere errichtet. Der Bremer Dom etwa wurde vom 10. zum späten 11. Jahrhundert viermal erweitert. Innere Reformen füllten die Glaubens- und Kirchenriten. Von dem burgundischen Kloster Cluny (bei Mâcon) ging eine Reformbewegung aus, die in wenigen Jahrzehnten ganz Frankreich erfaßte, nachhaltig auf die gesamte Kirche bis hin nach Rom ausstrahlte und in ihren revolutionären Folgen bis heute fortwirkt. Ottos des Großen Gemahlin Adelheid pflegte enge Beziehungen zu den Äbten dieses Klosters. Auch ihren Enkel Otto III. scheint der cluniazensische Abt Odilo jahrelang begleitet zu haben. Im ottonischen Reich gingen gleichartige Reformbestrebungen etwa von dem lothringischen Kloster Gorze (bei Metz) aus. König und Adel förderten diese Erneuerungsbewegungen. Es galt, die Wirksamkeit des Gebets zu gewährleisten, für das die Mönche in der funktionalen Sicht der Gesellschaft zuständig waren.

Seelenadel statt Geburtsadel lautete die Devise. Die Wirkungen verdeutliche die eine Anekdote: Kaiser Heinrich II., der Heilige, der 1024 starb, liebte makabren Humor. Einmal ließ er einen nackten Mann mit Honig bestreichen und von einem Bären abschlecken. Er und sein Hofgefolge weideten sich an dem Stöhnen, der Ohnmacht, der Todesangst des Opfers. Da erhob sich Poppo von Stablo, ein heiliger Mann, Abt eines der führenden Reformklöster im Reich, hieß den Bären abführen, befreite den Gequälten und – schalt den Kaiser ob seines erbärmlichen Vergnügens. Nie wieder dürfe er solches begehren. Und Heinrich hielt sich, so heißt es, an die Mahnung.

Immer tiefer drangen die geistigen Umbrüche der Zeit. An den Schulen las man nun bevorzugt antike heidnische Autoren, wandte sich ausgiebig der Logik des Aristoteles zu, lernte also, wenn man so will, kontrolliert und exakt, vor allem kritisierbar zu denken und sich auf hohem Sprachniveau zu artikulieren. Mit den neu eingeübten Fähigkeiten las man die überlieferten Schriften der Kirchenväter anders als zuvor. Die Vorscholastik zog ins Land, ein Aufbruch zur Vernunftkultur. Die intellektuelle Basis aller künftigen Wissenschaft im Abendland wurde damals gezimmert. Mathematische Bemühungen wurden intensiviert. Fremdartige Instrumente wie der Astrolab gelangten über Spanien aus der arabischen Welt nach dem Westen; selbst auf der Insel Reichenau hatte man ein Exemplar im frühen 11. Jahrhundert zur Hand. In Frankreich konzentrierte sich das Neue frühzeitig auf bestimmte Kathedralschulen wie Chartres oder Reims – die frühen Vorstufen der Universität. Von nah und fern strömten die Studenten herzu. In Chartres beispielsweise lehrte und wirkte der Bischof Fulbert. Er vermochte seine Hörer so zu entzücken, als hörten sie einen Engel singen; so schwärmte ein Bayer aus Regensburg, der sein Lob an den Rand einer Handschrift notierte, die er aus Frankreich mitgebracht hatte. Die Verwissenschaftlichung des Abendlandes begann, seine Entzauberung.

Alles schien in Bewegung zu geraten: die Gesellschaft so gut wie das Wissen, die sozialen und ökonomischen Kräfte so gut wie die religiösen. Eine Welt im fortgesetzten Umbruch. Der Glaube wirkte als fundamentale gesellschaftliche und politisch gestaltende, als unendlich dynamisierende Macht ... Indes, im weithin kirchenfeindlich eingestellten 19. Jahrhundert, dem sich die moderne Geschichtswissenschaft verdankt, vermochte man damit wenig anzufangen. Ein noch heute schier unausrottbarer historischer Textpositivismus – der lebensfremde Glaube nämlich, daß die Vergangenheit einzig aus dem Wortlaut der überlieferten Texte zu erfassen sei – galt damals und im 20. Jahrhundert für die allein zulässige Methode. Ach, wie kurzsichtig! Wer jemals prozessierte, weiß, daß Aktenlage und Geschehen weit divergieren und die Texte niemals wiedergeben, was tatsächlich geschah. Er durchschaut ohne sonderliche Prüfung, wie unzulänglich und wirklichkeitsfern jene positivistische Prämisse ist. Doch nicht einmal heute findet sich jeder Geschichtsforscher bereit, derart schlichte Wahrheiten zu würdigen. Wir müssen Metatextlinguistik treiben. Das klingt hochgestochen, heißt aber nur, daß wir die alten Texte im Kontext des allgemeinen Wissens ihrer Entstehungszeit zu lesen haben. Weil das nicht jedermann, jede Frau vermag oder es ein jeder, eine jede anders betreibt als andere, streiten wir uns, debattieren wir uns beispielsweise die Köpfe heiß, ob eschatologische Vorstellungen auf kaiserliches und päpstliches, auf gelehrtes und künstlerisches, auf menschliches Handeln einwirkten oder nicht. Ich lasse Sie, meine Damen und Herren, im folgenden ein wenig an diesem Streit partizipieren ...

Endzeiterwartung

Konnte denn bei so viel Aufbruch, Neuerung, sozialer und intellektueller Dynamik, wie wir sie für die Jahrzehnte um die Jahrtausendwende zu erkennen meinen, düstere Untergangsstimmung sich ausbreiten, der Glaube an die Nähe des Weltendes und des Jüngsten Gerichts? Viele bezweifeln es entschieden. Jedoch: Dieser Glaube, den kategorisches Nichtwissen über den genauen Zeitpunkt des Untergangs würzte, gehörte zum Kernbestand der christlichen Religion. Das wird zu häufig übersehen. Ein einziges Zeugnis möge es illustrieren. Es führt weit über die Jahrtausendwende hinaus und illustriert, wie lange anhaltend, gebieterisch, allgegenwärtig und tief sich die Endzeiterwartung in die geistige Kultur der Epoche eingenistet hatte: „Die [zeitliche] Ungewißheit des Jüngsten Gerichts", so lehrte kein Geringerer als Thomas von Aquin in seiner *Summa theologica*, „bringt zweierlei Nutzen: Erstens weil unbekannt ist, ob es bis jenseits der Schwelle des eigenen Lebens aufgeschoben bleibt; [...] Zweitens weil es nicht nur die Sorge für die eigene Person berührt, vielmehr für die Familie, die Stadt, das Königreich, für die gesamte Kirche. [...] Sie alle müssen so verwaltet werden, daß der Tag des Herrn sie bereitet findet." Alle Politik, alles gesellschaftliche und karitative

Handeln, schlechthin alles Tun sollte, so der Theologe im 13. Jahrhundert, mit der Möglichkeit rechnen, das Jüngste Gericht noch zu erleben. Das 10. Jahrhundert dachte nicht anders.

Hinzu kommt ein zweiter Umstand. Die Endzeit wurde ja vom früheren Christentum keineswegs als Katastrophe gesehen. Sie war die große Bewährungszeit der Frommen. Wer hier bestand, dem winkte die Seligkeit des Himmelreiches. Der Weltuntergang war schlechthin die Pforte zum Paradies. Christen „liebten die Wiederkunft des Herrn", sie lebten ihr freudig entgegen, jenem Tag, der ihnen die Krone der Gerechtigkeit aus der Hand des ewigen Richters bescheren sollte. So stand in dem zweiten Timotheus-Brief des Völkerapostels Paulus zu lesen (4,8). Es weckte Vorfreude auf die Verheißung: „Die den Herrn erwarten, jauchzen in Kraft, schwingen sich auf wie Adler, laufen, ohne zu ermatten, wandeln, ohne zu ermüden" (Is. 40,31). „Dürstend harren sie der Ankunft des Herrn, wachend erwarten sie sein Kommen, getreulich lieben sie dasselbe", auch wenn sie nicht wissen, wann er kommt. So hatte der heilige Augustinus geschrieben. Der Untergang stand unabdingbar vor dem Heil; aber er verdüsterte dasselbe nicht. Er wurde liebend herbeigesehnt, wenn auch mitunter bang erwartet.

Trotz derartig eindeutiger Hinweise bestehen für moderne Textpositivisten noch immer Schwierigkeiten, die Bedeutung des Endzeitglaubens für die großen Veränderungen des Mittelalters anzuerkennen. Auch Historiker – seien sie tiefgläubige Menschen, antiklerikale Aufklärer, humanistische Pantheisten, Atheisten oder eine Mischung aus allem – sind nicht immer frei von anachronistischem Denken. Nahezu jeder trägt seine Vorurteile in die Vergangenheit hinein; er konzipiert dieselbe nach seinem Verständnis, nicht nach den Verstehensmustern der verflossenen Epoche. Wir Späteren aber, wir Besserwissenden, belächeln eher, verspotten gar den religiösen Untergangsglauben von einst, der sich als falsch erwies, als daß wir ihn teilten. Vielleicht bedurfte es erst der neuerlichen Erfahrung eines religiösen Fundamentalismus, wie sie unsere Gegenwart machen kann, um das politische Veränderungspotential durch den Glauben würdigen zu können. Schauen wir uns um!

Die Jahrtausendwende war durch alt- und neutestamentliche sowie Kirchenväter-Texte für endzeitliche Überlegungen prädisponiert: Zumal die *Apokalypse* des Johannes und die *Civitas Dei* des heiligen Augustinus lenkten ihre Erwartungen. Beide Schriften gehören zum Kernbestand mittelalterlicher Theologie und frommer Lektüre. Auch Laien lasen in ihnen. Der Apokalyptiker Johannes sprach an vielzitierten Stellen (20,4–7) von einer tausendjährigen Mitherrschaft der Heiligen mit Christus vor dem Ende der Welt. Wie es zu verstehen sei, rätselten im frühen Christentum viele. Für das Mittelalter wurde vor allem die Auslegung durch den genannten Kirchenvater maßgeblich, der mit der unter Juden und Christen gleichermaßen anerkannten Weltdauer von sechstausend Jahren und in Analogie zur Siebentagewoche der Schöpfung kalkulierte. Er, so Augustin (im 20. Buch der *Civitas Dei*), verstehe die apokalyptischen eintausend Jahre auf zweierlei Weise: „Sie bedeuten entweder den Rest des Sechsten Welttages, der eintausend Jahre währt, oder all die Jahre, in denen dieses Zeitalter noch dauert". Ihm folge als siebter Tag der ewige Weltsabbat.

Der Bischof von Hippo ließ beide Lösungen, die erheblich differierten, ohne sich zu entscheiden, nebeneinander bestehen. An der tausendjährigen Dauer des sechsten, des letzten irdischen Welttages rüttelte er damit in keiner Weise. Genaueres Wissen, Gewißheit gar über den Untergang gebührten ihm so wenig wie sonst einem Sterblichen. Später erörterte der Autor der *Civitas Dei*, ob in die apokalyptischen 1000 Jahre auch die (ebenfalls apokalyptisch begründeten) dreieinhalb Jahre der öffentlichen und der Wiederkehr Christi unmittelbar vorausgehenden Wirksamkeit des Antichristen eingerechnet werden müßten oder nicht. Seine Antwort braucht uns hier nicht weiter aufzuhalten; entscheidend ist allein der Umstand, daß der autoritative und wirkungsmächtige Endzeittheoretiker, der Augustin für das Mittelalter wurde, hier ungeniert „addierte", Summen bildete, komputierte, die fraglichen Jahre also als prinzipiell zählbare, reale, zeitliche Jahre und nicht als symbolische Fülle betrachtete. Das Mittelalter folgte ihm darin und rechnete und schwitzte und ängstigte sich.

Augustin freilich verriet nicht, welchen Kalender er im Blick hatte. Nur vage deutete er es mit einem Weltalter von „fünftausend und etlichen Jahren" für seine eigene Gegenwart an. Seine Berechnungen folgten gewöhnlich den römischen Konsulatsjahren. Benutzte er daneben – was möglich ist – den eusebianisch-hieronymianischen Kalender, wonach Christus im oder um das Weltjahr 5200 geboren wurde, dann wirkte der Bischof von Hippo um das Jahr 5600 nach Erschaffung der Welt und es blieben bis zur Erfüllung des letzten, sechsten Jahrtausends noch annähernd vierhundert Jahre. Legte er indessen, von Eusebios abweichend, jene erste Deutung der tausend Jahre zugrunde, dann währte der letzte Welttag, der mit Christus begonnen hatte, noch um die sechshundert Jahre – hier ein Zehntel, dort ein Fünfzehntel der gesamten biblisch verheißenen Weltzeit. Augustin nannte tatsächlich vergleichbare Zahlen – 400, 500 oder 1000 Jahre nach der Auferstehung. Aber er warnte vor jeglicher Festlegung. Neugieriges Wissenwollen und Grübeln gebühre dem Menschen nicht; so hatte schon Jesus von Nazareth die Wißbegier seiner Jünger in die Schranken gewiesen. Von langer Dauer sei ohnehin nichts, was grundsätzlich ein Ende habe, notierte Augustin an anderer Stelle. Wie immer es gewendet wurde, für die Lebenden, denen der Bischof von Hippo predigte, lag das Ende beruhigend weit in der Zukunft und doch nahe genug, um das Gericht nicht in unvorstellbare Ferne und harmlose Ewigkeiten zu rücken. Die Angst vor dem Kommen des Gerichts sollte nicht hell auflodern, doch fortgesetzt glimmen.

Die folgenden christlichen Jahrhunderte aber rechneten und zählten und unterstellten ihren Berechnungen apokalyptischen Sinn. Die Weltfrist zerrann. Die Deutungen bewegten sich auch jetzt im Schema der Weltwoche und bezeichneten ein letztes irdisches Intervall innerhalb der verheißenen 6000 Jahre, die Gott der Welt zugemessen hatte, und vor dem Kommen des Jüngsten Gerichts. Auch Augustin hatte keinerlei Aufschub in Aussicht gestellt. Die knappere Frist endete mit dem Jahr 800 unserer Zeitrechnung, was hieß mit dem Jahr 6000 nach Erschaffung der Welt gemäß der Berechnung des heiligen Hieronymus; die längere aber mit dem Jahr 1000 nach Christi Geburt oder Tod. Da galt es, so implizierte diese Lehre, sich für die Ankunft des Antichristen zu rüsten und die Wiederkehr Christi zum Gericht zu erwarten. Als sich das Jahrtausend vollendete, war man hellwach, so wie schon zweihundert Jahre zuvor Karl der Große sorgenvolle Gewißheit über den Lauf der Zeiten verlangt hatte.

Ein Blick auf Einzelzeugnisse bietet Gelegenheit, das kulturelle Gedächtnis, in dem eine jede Vergangenheit immer aufs neue zur Ruhe kommt, bei seiner Arbeit zu verfolgen, zu sehen also, wie es bewahrt und vergißt, wie es formt und zerstört. Hier können nur einige wenige Varianten vorgestellt werden. Die Zeitgenossen der Jahrtausendwende behielten die Eindrücke und Empfindungen, welche die Erfüllung des Jahrtausends in ihnen weckte, für sich. Allein zwei anonyme Sätze durchdringen das laute Schweigen, niedergeschrieben von Gelehrten, die einander gewiß nicht kannten, doch verräterisch mit jedem Wort. Deren einen kennen wir schon: „Das tausendste Jahr übertrifft und übersteigt alles". Der andere Satz lautet: „Von der Geburt des Herrn bis zur Ankunft des Antichristen sind es 999 Jahre". Er wurde in England niedergeschrieben. Die beiden Sätze tauchen die gesamte Epoche in das fahle Licht der Eschatologie. Doch wem leuchtete es?

Die Antwort liegt keineswegs auf der Hand. Spätere Geschichtsschreiber des Mittelalters und der Neuzeit interessierten sich, von Ausnahmen abgesehen, nicht für die Millenniumswende; sie quälten eigene Endzeitnöte. Erst die moderne Geschichtsforschung wandte sich ihr wieder zu – mit höchst zwiespältigen Ergebnissen. Denn ein jeder Forscher trägt, ich betone es noch einmal, sein Vorverständnis in seine Erkenntnisse hinein. Große Gelehrte des 18., 19. oder 20. Jahrhunderts widmeten auf Hunderten von Seiten dem Jahrtausendende keine einzige Zeile. Die Zeit hallte bei ihnen wider von Kriegen, Friedensschlüssen und Verträgen, von Eroberungen und Rückschlägen, vom Streit der Großen, von mehr oder weniger zielstrebiger Politik. Die fraglichen Jahrzehnte glitten in solcher Sicht hinüber in eine der glanzvollsten Epochen deutscher Geschichte: den Gewinn des Königsreiches Burgund durch Heinrich II. und Konrad II., die Unterwerfung des Papsttums unter die kaiserliche Gewalt. Französische oder englische Geschichte wurde mit gleicher Palette gemalt.

Romantisch gestimmte Seelen indessen oder dramatisch begabte, auf Effekte versessene Literaten trugen ganz andere Töne auf. Sie weideten sich an Schreckensszenen, entwarfen phantastische Gemälde in grellen Farben, anziehend und abstoßend in einem. Schwer lasteten nunmehr „die Schrecken des Jahres 1000", das dräuende Weltende, der Jüngste Tag, der da hereinbrechen sollte, auf einer bedrückten, von dumpfem Aberglauben gefesselten Menschheit. Angst peitschte die armen Seelen bis zur Besinnungslosigkeit, die wissend-unwissenden, kindlich-gläubigen Gemüter und hilflosen Opfer fanatischer Bußprediger. Das Ende des menschlichen Geschlechts, furchtbare Strafgerichte drohten. Ungeheures geschehe, grauenerregende Schreckensbilder zeigten sich am

Himmel, Finsternisse, verheerende Erdbeben, Katastrophen aller Art verkündeten die sich erfüllende Zeit. „Jetzt, jetzt gewahrt den strengen Richter! Gedenket des Jüngsten Gerichts, in dem ihr mit Christus alle Seligkeit genießen werdet, wenn ihr recht handelt! – Seid nüchtern! Wachet! Denn euer Feind, der Teufel, umkreist euch wie ein reißender Löwe, bereit, euch zu verschlingen. Widersteht ihm, tapfer im Glauben! Der Glaube aber ohne Werke ist tot. Denn der rechte Glaube verlangt, Böses zu meiden, Gutes zu tun. Auf, meine Söhne, verteidigt Gott! Erwerbt das ewige Reich!" So tönten in der Tat zeitgenössische Prediger, zuletzt der Ruf des Papstes Sergius IV. (oder des Autors, der sich seines Namens bediente). Neuere Geschichtsschreiber brauchten es nur aufzugreifen und in Erzählung umzusetzen. Religiöser Wahn, angstvolles Taumeln, – „Morgen um die zwölfte Stund', heissa, geht die Welt zugrund'!" – verzweifeltes Erhaschen letzter Lebensgenüsse, das letzte Silvester, die letzte Mitternacht und dann: der neue Morgen, der erste Sonnenaufgang eines neuen Äons, neu erblühendes Leben, leuchtende Zukunft. Ein angstbefreites Aufatmen beseelte die Christenheit, neue Liebe zur Welt, neues Schöpfertum ... eine traumhafte Vision, pittoresk und suggestiv, filmreif, verführerisch. Der zitierte Vers entfloß übrigens der Feder von Felix Dahn.

Eine erbarmungslose positivistische Kritik verwarf alles. Nichts an diesen Schreckensbildern sei wahr, alles pure Erfindung, Theaterdonner effekthaschender, verkaufsorientierter Romanciers; bestenfalls Aberglauben einer Zeit, die ihrem Aberglauben niemals in solcher Weise zu folgen bereit gewesen sei. Der einundzwanzigjährige José Ortega y Gasset tat sich beispielsweise als Entmythologisierer hervor. Eine Weltwende habe es um das Jahr 1000 nicht gegeben. Noch die jüngste Monographie zum Thema will uns weismachen, „Die Furcht vor dem Ende der Zeiten um die Jahrtausendwende" sei ein Phantom (S. Gougenheim). Die Menschen hätten, so noch einmal Ortega, um das erfundene Schreckensjahr gelebt, gefreit, ihre Geschäfte geplant, den Tod erwartet, wie sie es immer getan – gierig oder sanft, gewalttätig oder demütig, gelehrt oder dumpf, doch frei und unbedrückt von düsteren Apokalypsen. Beispielsweise der König Robert der Fromme von Frankreich. Er entbrannte just vor dem ominösen Jahre in verbotener Liebe zu seiner Cousine Berta von Blois, die verheiratet war und deren Gemahl der König mit allen Mitteln zu bekriegen sich beeilte. Kaum war der Graf tot, vermählte sich Robert mit der Witwe in unrechter Ehe, ward alsbald von Papst Gregor mit dem Kirchenbann bedroht und konnte doch von seiner Liebe nicht lassen. Als Gebannter wohnte er der Cousine bei, die drum ein Monster gebar mit Gänsehals und Schwimmhäuten zwischen den Zehen. So berichtete über fünfzig Jahre später der fromme Eiferer Petrus Damiani, ein strenger Kirchenreformer und Mönch. Eine Welt also voll Sünder, doch ohne apokalyptische Schrecken: Das galt für viele Geschichtsforscher lange Zeit als die geschichtliche Wirklichkeit, die absolute Wahrheit über die Welt um 1000.

Es gibt indessen auch Historiker, die den Glauben an das näher und näher rückende Endgericht in der Lebenswelt der Zeitgenossen ernst nehmen, ihn in den Seelen gerade der Mächtigen wühlen sehen und mit ihm als weltgestaltender Macht rechnen. Sie zeichnen noch einmal ein anderes Bild als jene Untergangsmaler oder mythenstürzenden Skeptiker, ein Bild voll Spannung vor dem erwarteten Jüngsten Gericht und dem Weltende, voll Heilssehnsucht, doch ohne blindmachenden Taumel und trunkene Untergangslust. Zumal die Gelehrten, die Mönche, die kirchlichen Reformer, die Träger der geistigen Kultur hielten Ausschau nach den Zeichen des herannahenden Antichristen und des Jüngsten Tags. Er sollte die Vollendung bringen, die ihre Predigt verkündete. Sie wußten um die Prophezeiung der *Apokalypse* des Johannes, wonach eintausend Jahre nach Christi Geburt oder Tod Satanas losgebunden würde, um der Welt Ende herbeizuführen; sie hatten auch über Augustinus gebrütet. Sie verstanden den Kalender zu berechnen, erkannten beispielsweise, daß das Jahr 1000 ob eines Rechenfehlers nicht dem eintausendsten Jahre nach Christi Geburt entsprach, das Jahr 1033 nicht dem eintausendsten Jahr nach seinem Tod. So kam es, daß die „eintausend Jahre" sich über die Jahrzehnte von etwa 980 bis nach 1040 dehnten.

Seit der Mitte des 10. Jahrhunderts nahm – gerade in Kenntnis der *Civitas Dei* des hl. Augustinus – die endzeitliche Spannung an Intensität zu und erreichte gegen Ende des Jahrhunderts und in den folgenden Dezennien einen neuen Gipfelpunkt. Sie lähmte nicht, sie spornte zu Taten an, zu höchsten Zielen. In solcher Sicht waren jene Jahrzehnte Aufbruchszeit, die allenthalben Kirchen bauen, Frieden stiften, Reformen ins Werk setzen ließ, die den Zölibat, das Papsttum, die Freiheit der Kirche mit legitimatorischen Argumenten versorgte und in die große Kirchenreform des 11. Jahrhunderts mündete. Höchste Aktivität entfaltete sich in Erwartung des Jüngsten Gerichts, die Anspannung aller religiösen und geistigen Kräfte. Wie aber die Subjektivität derartigen Glaubens fassen, die sich jeder Objektivierung und Dogmatisierung entzieht? Wie eine von ihm geweckte Angst, ihre Bewältigung, Verdrängung oder Sublimierung, ihren Motivationsimpuls für das Handeln?

Ich will versuchen, die Frage am Beispiel der eingangs erwähnten Gnesenfahrt Ottos III. im Jahre 1000 zu beantworten. Sie gehört meines Erachtens in einen unmittelbaren eschatologischen Kontext. Ihr äußerer Verlauf ist rasch erzählt. Der Kaiser brach im Januar 1000 von Rom aus auf, um über Regensburg, Zeitz und Meißen ins Reich Boleslaws des Tapferen (Chrobry), der den Kaiser an der Grenze seines Landes mit prächtigem Gefolge einholte, nach Gnesen zu ziehen, wo ihn der Bischof des Ortes, Unger, erwartete, und das der Kaiser entblößten Fußes, in einer Prozession betrat. Alsbald eilte Otto zum Grabe St. Adalberts, des jüngsten Märtyrers der Kirche, den 997 heidnische Pruzzen erschlagen hatten, und „bat unter Tränen den Märtyrer Christi um seine Fürbitte zur Erlangung der Gnade Christi". Darauf krönte er Boleslaw mit seiner kaiserlichen Krone zum König, hieß ihn „Freund und Helfer des römischen Reiches" und gründete ohne Zustimmung Ungers ein Erzbistum, dem er das ganze Land und sechs Bistümer zuordnete, errichtete einen Altar, empfing zum Dank Reliquien St. Adalberts, reiste weiter nach Aachen, wo er einen Teil der Adalbertsreliquien deponierte und im Beisein Boleslaws Chrobry das Grab Karls des Großen öffnete, und kehrte endlich im

Spätsommer desselben Jahres über die Alpen nach Rom zurück, das er gleichfalls mit Reliquien des Märtyrers beschenkte. „Niemals hatte ein Kaiser in Rom beim Auszuge und bei der Wiederkehr größere Pracht gezeigt" als dieser Otto, bemerkte Thietmar von Merseburg. Seitdem hießen das Volk und das Land, die bisher bloß „Slawen" und „Slawenland" waren, Polen. Der Zug gipfelte also in einer Art Taufe von Land und Volk.

So prachtvoll das alles zelebriert wurde, keiner der nachträglich schreibenden Chronisten verrät die religiösen Vorstellungen und Hoffnungen, die sich mit dem Geschehen verbanden. Allein der einzigartige Kaisertitel, den Otto III. während seiner Gnesenfahrt führte, ein wirklich gleichzeitiges Zeugnis, liefert einen Schlüssel; dazu der Namenswechsel. Der Titel lautet auf deutsch: „Otto III., Knecht Jesu Christi und nach dem Willen Gottes, des Erlösers und unseres Befreiers, erhabener Kaiser der Römer". Jedes Wort war von Gewicht und bekundete die Intentionen seines Trägers, den Kontext, in den er sein Tun stellte. Gerade der zweite Teil verlangt nach Beachtung. Er zumal weist auf den religiösen Hintergrund von Ottos Zielen, indem er zwei biblische Gedanken miteinander verschränkte: die christlich gewendete Gottesknechtschaft mit dem göttlichen Erlösungs- und Befreiungswerk. Entlehnt waren sie den Briefen des Apostels Paulus sowie den Propheten Jesaja und Daniel in der Deutung des heiligen Hieronymus.

Der Titel faßte in Worte, was den Kaiser bewegte und sein Handeln lenkte. Byzantinisches Vorbild klang an; Kaisertum und Aposteltum ergänzten in Byzanz einander im Hinblick auf die vom Kaiser ausgehende Mission in der Nachahmung des Völkerapostels Paulus und in der Nachfolge des großen Konstantin, der in Konstantinopel als dreizehnter Apostel galt. Rom-Erneuerung in einem politischen Sinne wurde deshalb aus diesem Titel herausgelesen. Ottos Pilgerfahrt realisierte aber weiter den Gedanken der Gottesknechtschaft in christlichem Gewand, sie brachte Erlösung und Freiheit in einem eschatologischen Sinn. Als Kaiser und erlösungsbedürftiger Sünder zog Otto nach Gnesen, als Gottesknecht, der nach dem Willen des Erlösers Kaiser war, trat er dort typologisch an Christi Stelle. Alles, was er in Gnesen tat, folgte den Anweisungen, welche die erwähnten Kommentare nahelegten, bis hin zur Königskrönung Boleslaws, zur Altarstiftung und zur Namensgebung des Landes. Otto erfüllte typologisch die göttliche Heilstat an den Grenzen zur Heidenschaft, an den Grenzen der bekannten Welt: ein Kaiser und Prophet und ein Apostel dazu. Der Zug nach Gnesen offenbarte die Raum und Zeit umspannende Einheit von Kaisertum und Kirche, Heilsgeschehen und politischem Handeln, Gegenwart und kommendem Gericht. Otto sah sich als Büßer, aber auch im Apostelamt, als Träger des Willens Gottes, als Kämpfer gegen den Antichristen.

Das Buch Daniel aber überlieferte den Traum des Nebukadnezar von jener Schrecken einflößenden Gestalt, deren Haupt aus Gold, deren Brust und Arme aus Silber, deren Rumpf ehern und deren Schenkel eisern, deren Füße aus Eisen und Ton gemischt waren und die zum Ausgangspunkt aller christlichen und mittelalterlichen Lehren von den Weltreichen wurde. Der Traum überschaute das Ende, verkündete die Weltgeschichte als Abfolge von vier Reichen, deren letztes nun bei dem Römerkaiser Otto war. Ein Stein, den niemand geworfen hatte, zertrümmerte die tönernen Füße und Zehen und brachte die Figur zum Einsturz (Dan. 2,31–43). Hieronymus folgend, meinte die Mischung aus Eisen und Ton das römische Reich, das anfangs das stärkste, dann aber das schwächste sei; der Stein sei Christus, der nach der Zerschlagung der Statue sich in einen großen Berg verwandle, der die ganze Erde ausfüllte – ein Sinnbild der Kirche. „Zur Zeit solcher Königreiche [nämlich des römischen; d. Verf.] wird der Gott des Himmels ein Königreich aufrichten, das nimmermehr zerstört wird; und sein Königreich wird auf kein ander Volk kommen; es wird alle diese Königreiche zermalmen und zerstören; aber es wird selbst ewiglich bleiben" (Dan. 2,44). Das Reich Gottes, „unseres Erlösers und Befreiers", das Reich der Kirche, wird die Weltreiche ablösen und ewig sein. Dies war die politische Theologie Ottos III., der sein römisches Kaisertum dem Willen Gottes, des Erlösers und Befreiers, verdankte und an das Grab des jüngsten Märtyrers der Kirche, des ewigen Reiches, zog, um dessen Knecht zu sein. Er tat es als Kaiser des letzten Weltreiches, das sich seinem Ende zuneigte, als „Knecht Jesu Christi", apostelgleich, als „Vorkämpfer" gegen die Bedrohung durch den „Verfolger", den Antichristen.

Mit all dem vergewisserte sich der Kaiser für das zu erwartende Gericht des himmlischen Beistands des neuen Märtyrers, eben seines einstigen Freundes, der ja als Märtyrer fortan zu den Mitrichtern Christi beim Jüngsten Gericht zählte. Es genügte Otto freilich noch nicht: Er ließ am Pfingstfest in Aachen, am Fest der Ausgießung des Heiligen Geistes, das Grab Karls des Großen suchen und seine Reliquien zur Ehre der Altäre erheben. Denn das war der ursprüngliche Sinn der geheimnisvollen Graböffnung, wie erst neuerdings erkannt worden ist. Karl aber galt den Sachsen, die er besiegt und dem Christentum gewonnen hatte, als eine Art Apostel. Auch ein heiliger Karl, der Apostel der Sachsen, konnte als Intervenient beim Gericht in Erscheinung treten. Vermutlich plante Otto sogar, diesem neuen Heiligen gleichfalls ein Bistum zu stiften: in Aachen selbst. Indes, Ottos unseliger Tod zerstörte alle heiligen, endzeitlich getönten Pläne. Karl erwies sich im Urteil der Zeitgenossen durch diesen Tod (den er andernfalls verhindert hätte) nicht als Heiliger; die Graböffnung enthüllte nun ihren frevlerischen Charakter, Ottos Werk verriet sich als unheilig. Es wurde dem Vergessen übergeben wie nahezu alles, was die Jahrtausendwende an Endzeithandeln hervorgebracht hatte. Nicht einmal das Grab dieses unseligen Otto, das er in Aachen fand, wurde dort dem pflegenden Gedächtnis anvertraut.

Aufklärung

Der letzte Abschnitt meines Vortrages ist „Aufklärung" überschrieben. Sie, meine Damen und Herren, werden damit vermutlich die Epoche eines Diderot, Voltaire oder Kant im Auge haben. Der Letztgenannte lieferte ja geradezu eine klassische Definition dessen, was Aufklärung sei, als er lehrte: Aufklärung sei der Ausgang des Menschen aus selbstverschuldeter Unmündigkeit durch den Gebrauch der Vernunft. Das mag so gelten. Doch diese Position einfach auf das Mittelalter zu übertragen im Glauben, dieses sei eine vernunftferne, aberwitzig gläubige Epoche gewesen, zeugt von anachronistischer, um fremdes Wissen unbesorgter, unaufgeklärter Arroganz, beharrt bei einem ideologisch aufgeladenen Mittelalterbild längst vergangener Jahrhunderte. Denn wie hätte das Mittelalter wissen können, was erst spätere Epochen lernten?

Die antiken Überlieferungen boten eine irritierende Fülle divergierender Vorstellungen, Meinungen und Lehren. Welche traf zu? Nur eines schien Gewißheit, gesichertes Wissen und Wahrheit zu bieten: der Gebrauch der Vernunft, deren Regeln Aristoteles gelehrt hatte. Auf sie haben – gemeinsam mit dem Glauben – die mittelalterlichen Gelehrten und Theologen denn auch gesetzt. Sie haben sie rezipiert und eingeübt, wie nie zuvor in der Antike; sie haben sie im Laufe der mittelalterlichen Jahrhunderte weit über den Stagiriten hinaus weiterentwickelt und ihre Analysemethoden verfeinert. Das Mittelalter war, wie ihm der französische Philosoph Alain de Libera bescheinigte, „ein Zeitalter der extremen Rationalisierung", eine Epoche der „Begegnung von logischer Rationalität und theologischer Sinnsuche". Sie, nicht erst die sich selbst ernennende Aufklärung der Barock- und Rokokozeit, sorgte dafür, daß das Abendland die Vernunftkultur hervorbrachte, die heute die Welt beherrscht. Der dafür unabdingbare Rezeptionsprozeß aber setzte unter Karl dem Großen ein, beschleunigte und vertiefte sich im 10. Jahrhundert. Die Entwicklung, die damit eingeleitet war, ist heute noch zu keinem Abschluß gelangt.

Diese logische Bildung, die im übrigen ganz auf die freien Künste angewiesen war, entpuppte sich mehr und mehr als ein Mittel apokalyptischer Aufklärung. Die Endzeiterwartung war damit nicht beseitigt. Nicht einmal die Eschatologie der *Civitas Dei* bot, wie erwähnt, einen vorbeugenden Schutz vor einer auflodernden Naherwartung des Jüngsten Gerichts um das Jahr 1000. Im Gegenteil, sie schürte dieselbe. Verbot sie auch die Berechnung, so gab sie doch wichtige Winke, theologische Hilfsmittel zur Hand, abgesegnet von der Autorität eines Heiligen, wie mit der Tausendjahresfrist umzugehen sei. Die Wissenschaft aber verklammerte sich für lange Zeit mit dieser Erwartung.

Denn die Zeichen, die dem Ende nach biblischer Lehre vorausgingen – Sonnenfinsternisse, Sternenfall, Erdbeben, Unwetter, Kriege und dergleichen mehr –, diese Zeichen verlangten, unablässig und aufmerksam den Himmel, die Erde und die menschliche Gesellschaft zu beobachten. Sie stimulierten die Erfahrungswissenschaft, die mit der neu einstudierten Logik verschmolz. So begrenzt auch deren exaktes Wissen einstweilen war, Schritt für Schritt vermochte es Dank des konsequenten Einsatzes der Logik hochfliegende Spekulationen zu korrigieren, die Welt zu entzaubern und ihre Erklärungsmodelle zu rationalisieren. Spätere Jahrhunderte wandten sich der Astronomie, der Meteorologie, der Physik, Chemie, Biologie oder Genetik zu. Um die erste Jahrtausendwende setzte dieser Prozeß dort ein, wo gesichertes Wissen zur Verfügung stand: in der

Komputistik, der exakten Berechnung des Kalenders und der Zeit. Ich will die Wirkung an zwei Beispielen verdeutlichen.

Da kritisierte Abbo, ein begnadeter Gelehrter und Lehrer und künftiger Abt des bedeutenden Klosters Fleury (bei Orléans), einen Pariser Prediger, der die Geburt des Antichristen (also jener der Wiederkunft Christi vorausgehenden Unheilsgestalt) für bald nach dem Jahre 1000 ankündigte; und da hieß ihn sein Abt Richard, besorgten Lothringern zu antworten, die das Weltende für gewiß hereinbrechen sahen, wenn Mariä Verkündigung (ein auf den 25. März fixiertes Datum des christlichen Festkalenders) auf Karfreitag (einen beweglichen Feiertag) fiele. Abbo, der kundige Komputist, hatte leichtes Spiel; denn dieser Effekt des beweglichen Osterdatums war in seinem Jahrhundert bereits zweimal eingetreten. Wissen und Können klärten auf und destruierten die Angst. Gleichwohl, das dräuende Weltende blieb und verlangte eins ums andere Mal nach Entwarnung, nach beruhigender Zeichendeutung und damit nach Erkenntnis von Natur und Welt, nach Forschung, Methoden und die Wissenschaft fördernden Institutionen. Auch Abbo, der übrigens Christi Geburt 21 Jahre vor unserer Zeitrechnung ansetzte, hatte keineswegs behauptet, die Ankunft des Antichristen sei nicht für bald zu erwarten. Er hatte lediglich zwei Thesen falsifiziert und damit den Prozeß der Falsifikationen in Gang gebracht, auf dem nach Karl Popper wissenschaftliche Erkenntnis beruht. Das Wissen entfaltete sich fortan in ungeahnter Vielfalt. Zuletzt vergaß oder verdrängte es die Anstöße, denen es seine Expansion verdankte, und entfaltete sich in einer Serie neuer Spezialdisziplinen.

Indes, die Warnungen ob falsifizierter Naherwartungen des Jüngsten Gerichts verhallten immer wieder, sobald sich neuerlich die Zeit zu erfüllen schien. Regelmäßig begannen Gelehrte, neu zu kalkulieren und zu rechnen und zu prognostizieren. So hielt es auch ein anonymer angelsächsischer Komputist des ausgehenden 10. Jahrhunderts. Zwei Handschriften bewahrten seine Berechnung. Sie überliefern inmitten einschlägigen Materials eine knappe, dem Sechstagewerk Gottes analoge Weltalterlehre, wie sie seit Beda Venerabilis im frühen 8. Jahrhundert häufig in derartigem Kontext anzutreffen war. Dieselbe aber mündete jetzt in oben zitierte, verheißungsvolle Warnung: „Von der Geburt des Herrn bis zur Ankunft des Antichristen sind es 999 Jahre". Eine dritte Handschrift mit der nämlichen Botschaft, die Vorlage nämlich für die beiden erhaltenen, kann erschlossen werden.

So präzis die Auskunft, so ungeheuerlich war der Zeitpunkt, zu dem sie dem angelsächsischen Komputisten in die Feder floß, kurz vor dem Jahr 970. Die beiden Handschriften, die sie überliefern, wurden etwa um die Jahrtausendwende beziehungsweise um die Jahre 1030/33 geschrieben. Alle drei Zeugnisse fallen somit in eine heiße Zeitzone: sei es kurz vor der Geburt des Antichristen, sei es in die Jahre seines für 1030/33 erwarteten öffentlichen Wirkens. Daß aber das präzise Datum der Geburt des Widerchristen tatsächlich überliefert wurde, grenzt an ein Wunder. Dank sei Merry Old England! Gewöhnlich gehen derartige Auskünfte, kaum daß sie sich als irrig erwiesen, unter; die Befürchtungen, die sie hervorbrachten, werden verdrängt, umgedeutet, schleunigst vergessen – nicht anders denn bei heutigen Propheten und ihren Gemeinden auch. Keiner will sich falscher Prophetie bezichtigen lassen oder seine Leichtgläubigkeit öffentlich bekunden und für kommende Geschlechter überliefern. Historiker übersehen das gewöhnlich und deduzieren aus der Tabuisierung des Irrtums die Nichtexistenz des Verdrängten; sie sollten eilends bei Psychologen in die Lehre gehen.

Vergebens hatte der gelehrte Abbo den Endzeitberechnern widersprochen. Eigens hatte man ihn nach England geholt, in die Abtei Ramsey, um dort komputistischen Nachhilfeunterricht zu erteilen. Wir wüßten gerne, was genau er lehrte, um dem Gang der Aufklärung auf die Schliche zu kommen. Doch hat sich nur eine indirekte Spur davon erhalten. Einer seiner englischen Schüler nämlich, Byrhtferth, reflektierte unverdrossen über den Zeichenwert der vollkommenen Zahl 1000 im Kontext der Endzeit. Er tat es in Anlehnung an Beda Venerabilis und an Augustinus, was hieß in Erwartung der großen Wende, der Enthüllung des Antichristen und der darauf folgenden Geschehnisse. Hatte er solches bei Abbo gelernt? Das sechste und letzte Weltalter werde, so Byrhtferth, von Jesus bis zum Jüngsten Gericht dauern. Der Angelsachse hütete sich freilich, und hier endlich verriet sich der Schüler Abbos, anders als sein anonymer Vorgänger, Christi Wiederkehr mit einem annähernd präzisen Datum zu versehen. Doch bedrückte ihn das Wissen, daß „Satans Jahrtausend" eine vollkommene Zahl (*perfectus numerus*) und eben jetzt nach menschlicher Kalkulation erfüllt sei. Die anderen Weltalter, auch das registrierte der Mönch von Ramsey, erstreckten sich durch unterschiedliche Zeiträume, 1656 Jahre das erste (gar 2242 nach der Septuaginta), 292 Jahre das zweite, 589 Jahre das fünfte, das gegenwärtige sechste währte unkalkulierbar lange. Kein Weltalter umfaßte also genau 1000 Jahre. So war der *Satanas millenarius*, das Millennium Satans, zwar erfüllt, *peractus*, aber nicht vollendet, *perfectus*, das göttliche Geheimnis gewahrt und doch die Gefährlichkeit der Zeit enthüllt. So ähnlich könnte auch Abbo gedacht haben. Aufklärung also im Gewand des Glaubens und religiöser Sinnsuche, mit den Mitteln zeitgenössischer Wissenschaft und dialektisch geschulter Vernunft: Das ist das intellektuelle Charakteristikum der Jahrtausendwende.

Die Falsifikation freilich der einen Lösung falsifizierte nicht schon die Fülle der Vorannahmen, die unvermeidbar allem Erkennen vorausgeht. Vor vergleichbaren Schwierigkeiten stehen auch wir heutigen Forscher. Erst eine Serie von Falsifikationen führt zur Korrektur der Prämissen und zur Destruktion einer sinnlos gewordenen Fragestellung. Das benötigt Zeit, geduldiges Weiterforschen, dichten Wissensaustausch und Generationen von Gelehrten, die bei all dem nicht locker lassen. Um das Jahr 1000 reichten weder die Grundlagen noch die verfügbaren personalen Kräfte, noch die unabdingbare Vernetzung des Wissens, um weiter zu gelangen, als man eben gelangt war. Erst im Laufe der kommenden Jahrhunderte sollte es sich allmählich ändern. Aber der Weg dahin war eingeschlagen und wurde – wiederum Dank dem um die erste Jahrtausendwende in die abendländische Zivilisation implantierten Vertrauen in die geschulte Vernunft – bis heute nicht verlassen.

Zeit und Geschichte. Endzeiterwartungen, utopisches Denken und Jahrhundertwenden im Spätmittelalter

von Gerhard Fouquet

I.

Am Ende des Zeitalters, das wir im Hinblick auf Tradition und Konvention ‚Mittelalter' zu nennen pflegen, schrieb am 16. Juli 1540 Martin Luther von Eisenach aus einen Brief an seine Gemahlin nach Wittenberg: „Gnad und Friede! Meine liebe Jungfer und Frau Käthe! Euer Gnade sollen wissen, daß wir hier (Gott Lob) frisch und gesund sind, fressen wie die Böhmen (doch nicht sehr), saufen wie die Deutschen (doch nicht viel), sind aber fröhlich, denn unser gnädiger Herr von Magdeburg, Bischof Amsdorf, ist unser Tischgenosse." Dieser hochansehnlichen Eröffnung fügte Luther Nachrichten über Melanchthon, über die Religionsgespräche in Hagenau, über die Türken an und schloß: „Es ist allhier solche Hitze und Dürre, daß es unsäglich und unerträglich ist Tag und Nacht. Komm, lieber jüngster Tag. Amen. [...] Dein Liebchen Martinus Luther."[1] Angenehmer, ja lieber als das bedrängende Wetter und die andrängenden Osmanen war dem großen Reformator, so scheint es, der Jüngste Tag. Martin Luther wünschte sich 1540 – und damit weit entfernt von Jahrhundertwenden, von denen er keine mehr vor sich und eine schon hinter sich hatte – den Untergang der diesseitigen Welt herbei[2].

Wo waren die Schrecknisse geblieben, wie sie im Buch Daniel, in den Evangelien und in der sogenannten Johannes-Apokalypse geweissagt worden waren? Heißt es doch etwa im 24. und 25. Kapitel des Matthäus-Evangeliums – in apokalyptischer Rede ohne

---

1 D. Martin Luthers Werke. Kritische Gesamtausgabe. Briefwechsel, Bd. IX, Weimar 1941, S. 174 f., Nr. 3512; Martin Luther, Briefe (Auswahl, Übersetzung und Erläuterungen von J. Schilling), Frankfurt/M. 1990, S. 218, Nr. 140. – Die Nachweise sind im folgenden auf die unmittelbar verwendeten und zitierten Quellen- und Literaturstellen beschränkt. Der Redestil ist weitgehend beibehalten. Ich danke Herrn Marcus Thomsen M.A., Kiel, für seine Hilfe.
2 J. Schilling, Der liebe Jüngste Tag. Endzeiterwartung um 1500, in: M. Jakubowski-Tiessen, H. Lehmann, J. Schilling, R. Staats (Hrsg.), Jahrhundertwenden. Endzeit- und Zukunftsvorstellungen vom 15. bis zum 20. Jahrhundert (= Veröff. d. MPI f. Gesch. 155), Göttingen 1999, S. 15–26.

Chronologie und logische Ordnung: Christus werde unverhofft kommen, „wie der Blitz bis zum Westen hin leuchtet, wenn er im Osten aufflammt" (Matthäus 24,27). Vor dieser eruptiven Wiederkunft des Gottessohnes würden falsche Christen und falsche Propheten auftreten, die „große Zeichen und Wunder tun, um, wenn möglich, auch die Auserwählten irrezuführen" (Matthäus 24,24). Kriege und Hungersnöte hielten ihre furchtbaren Ernten unter den Menschen, die Sünde werde zunehmen und die Nächstenliebe erkalten. Schreckliche Zeichen erschienen am Himmel. Dann „wird sich die Sonne verfinstern, und der Mond wird nicht mehr scheinen; die Sterne werden vom Himmel fallen, und die Kräfte des Himmels werden erschüttert werden" (Matthäus 24,29). Verfolgung leiden müßten die Anhänger Christi, um dann endlich den Anbruch des Jüngsten Tages heraufdämmern zu sehen. Christus säße dem großen Weltgericht vor. Geschieden würden vor diesem Richter „die Schafe von den Böcken", diejenigen, die ihn unter den Armen wiedererkannten, von jenen, die ihn verkannten (Matthäus 25,31–46).

Wenn der gemeinhin mit dem Ende des Mittelalters gleichgesetzte Jahrhundertwechsel 1500/1501 überhaupt einen tiefgreifenden Wandel in der christlichen Vorstellung vom Ende der Zeiten mit sich gebracht hat[3], dann den vom „lieben Jüngsten Tag"[4]. Die traditionellen apokalyptischen Schrecknisse des Spätmittelalters hatten in der Reformation ihren Schrecken verloren. Die Zeit der großen sozialreligiösen Endzeitbewegungen war vorbei[5]. Die letzte reale Schreckensherrschaft im Zeichen jener biblischen Apokalypse, in der Tradition von Chiliasmus und Millennarismus war im Juni 1535 gewaltsam beendet worden: das Münsteraner Täuferreich des Jan Bockelson. Der Täufer-König hatte sich am Beginn eines dritten Zeitalters der Rache und des Sieges der Heiligen als neuer Daniel geriert, der nach einem großen Massaker seine Herrschaft über die gesamte Welt ausdehnte und die Wiederkehr Christi vorbereitete. Der Terror des Jan Bockelson war gegen ihn selbst gekehrt worden[6]. Fortan sollten nur noch die Ungläubigen die Stunde des Jüngsten Gerichtes fürchten. Diejenigen dagegen, die rechten Glaubens waren, mochten den Jüngsten Tag ersehnen und deshalb vielleicht ungeduldig auf ihn warten. Denn wann jener letzte, herbeigewünschte Tag eintreten werde, blieb den Gläubigen verborgen. Niemand, so steht es in den Evangelien, könne den Tag und die Stunde des Weltendes

---

3   H. DORMEIER, Apokalyptische Vorstellungen in der italienischen Kunst um 1500, in: JAKUBOWSKI-TIESSEN/LEHMANN/SCHILLING/STAATS (wie Anm. 2), S. 27–51; P. ROETTIG, Zeichen und Wunder. Weissagungen um 1500, Hamburg 1999.

4   SCHILLING (wie Anm. 2), S. 26; B. LOHSE, Luthers Theologie in ihrer historischen Entwicklung und in ihrem systematischen Zusammenhang, Göttingen 1995, S. 345–356, bes. S. 355.

5   B. MÖLLER, Frömmigkeit in Deutschland um 1500, in: DERS., Die Reformation und das Mittelalter, hrsg. v. J. Schilling, Göttingen 1991, S. 73–85 u. 307–317.

6   K.-H. KIRCHHOFF, Die Täufer in Münster 1534/35. Untersuchungen zu Umfang und zur Sozialstruktur der Bewegung (= Veröffentlichungen der Historischen Kommission Westfalens, 22,12), Münster 1973; R. van DÜLMEN (Hrsg.), Das Täuferreich zu Münster 1534–1535. Berichte und Dokumente, München 1974; B. ROMMÉ (Hrsg.), Reformation und Herrschaft der Täufer in Münster, Münster 2000.

wissen. Daher erklärt es sich, daß sich die Erwartung künftiger Jahrhundertenden – 1600, 1700, 1800, 1900 – auch im Fortschreiten der neuzeitlichen Geschichte und ihrer säkularen Utopien mit dem christlichen Weltende, mit der erhofften Ankunft des Reiches Gottes verbinden konnte[7]. Gerade die evangelische Frömmigkeit wußte und „weiß von solcher Erwartung mehr als *ein* Lied zu singen"[8].

Doch wie klang dies im Spätmittelalter? Wie wurden dort die beiden Parameter Jahrhundertwende und Weltende in Beziehung gesetzt? Gab es kollektive, vielleicht auch individuelle Einstellungen zum Jahrhundertende? Wer schuf, wenn überhaupt, die Voraussetzungen für solche Mentalitäten und Überzeugungen, die sich möglicherweise in bestimmten Lebensformen niederschlugen? Wer bestimmte und wer gestaltete den Verlauf der Zeit innerhalb der Geschichte, die immer zugleich Heilsgeschichte war?

„Für das Mittelalter gilt gemeinhin", so urteilt Johannes Schilling, „daß es von den letzten Dingen eine verhältnismäßig konsistente Vorstellung hatte."[9] Der gelehrte Adso, Abt des Klosters Montier-en-Der in der Champagne, brachte bereits um die Mitte des 10. Jahrhunderts die biblische Überlieferung beziehungsweise die von verschiedenen Kirchenvätern und karolingischen Autoren christlich umgedeuteten römisch-hellenistischen Weissagungen verschiedener Orakel wie zum Beispiel der sogenannten Tiburtinischen Sibylle in ein wenig originelles, aber einigermaßen konsistentes System. Es wurde zur Grundlage der apokalyptischen Ideologie des europäischen Mittelalters. 171 Abschriften des 10. bis 14. Jahrhunderts, ein geradezu riesiges Überlieferungs-Corpus, zeugen von der intensiven Rezeption jenes Antichrist-Traktates[10]. In einer Zeit der Krise, so lassen sich Adsos Traktat und seine verschiedenen Bearbeitungen zusammenfassen, wird ein mächtiger Endkaiser erscheinen. Der Endkaiser wird die Heiden bekehren, die apokalyptischen Völker Gog und Magog besiegen und sein Reich auf dem Ölberg in

---

7 JAKUBOWSKI-TIESSEN/LEHMANN/SCHILLING/STAATS (wie Anm. 2); E. BÜNZ, R. GRIES, F. MÖLLER (Hrsg.), Der Tag X in der Geschichte. Erwartungen und Enttäuschungen seit tausend Jahren, Stuttgart 1997.

8 SCHILLING (wie Anm. 2), S. 26.

9 SCHILLING (wie Anm. 2), S. 16. Darüber hinaus aus der Fülle der Literatur: F. SEIBT, Utopica. Modelle totaler Sozialplanung, Düsseldorf 1972; C. CAROZZI, Weltuntergang und Seelenheil. Apokalyptische Visionen im Mittelalter, Frankfurt/M. 1996; G. MINOIS, Geschichte der Zukunft. Orakel, Prophezeiungen, Utopien, Prognosen, Düsseldorf, Zürich 1998.

10 D. VERHELST (Hrsg.), Adso Dervensis, De ortu et tempore Antichristi necnon et tractatus qui ab eo dependunt (= Corpus christianorum. Continuatio Medievalis, XLV), Turnhout 1976. Dazu R. KONRAD, De ortu et tempore Antichristi. Antichristvorstellungen und Geschichtsbild des Abtes Adso von Montier-en-Der (= Münchener Hist. Studien, Abt. mittelalterl. Gesch. 1), Kallmünz 1964, bes. S. 114–141 (Rezeption); D. VERHELST, Adso van Montier-en-Der en de angst voor hat jaar Duizend, in: Tijdschrift voor Geschiedenis 90 (1977), S. 1–10; B. SCHNEIDMÜLLER, Adso von Montier-en-Der und die Frankenkönige, in: Trierer Zeitschr. f. Gesch. u. Kunst des Trierer Landes u. seiner Nachbargebiete 40–41 (1977–1978), S. 189–199; CAROZZI (wie Anm. 9), S. 17–30. Zuletzt H. MÖHRING, Der Weltkaiser der Endzeit. Entstehung, Wandel und Wirkung einer tausendjährigen Weissagung (= Mittelalter-Forschungen 3), Stuttgart 2000, S. 144–148 u. 360–368.

Jerusalem niederlegen. Danach kommt der Antichrist, der weder Gott noch Teufel noch Mensch ist, über und unter die Menschen. Dem Antichrist, berufen, sich eines Tages zu verkörpern, einen Namen und ein Gesicht zu haben, werden auch die von Gott gesandten Propheten Elias und Henoch zum Opfer fallen. Dann endlich wird Christus auftreten und den Antichrist vernichten. Der Jüngste Tag bricht an, Gericht wird gehalten, die Gerechten werden erwählt. Über ein tausendjähriges Reich werden sie, die Gerechten, zusammen mit Christus auf einer erneuerten Erde herrschen – das letztere ist sozusagen die Quintessenz, ja die Leitidee des Chiliasmus[11].

Der gelehrte Adso hatte damit eine Fabel vom Ende der Zeit geschaffen. Sie begründete trotz fehlender innerer Struktur einen Mythos – keinen Gründungsmythos, sondern einen Mythos von der Fülle der Zeiten, um es in biblischer Sprache zu formulieren. Dieses Zeitende sollte auch den Abschluß eines Zyklus markieren. Je nach christlich-chronologischem Bezugssystem der Heilsgeschichte war dies das Ende des sechsten oder des dritten Zeitalters, jedenfalls das Ende des letzten mit Christus eingeleiteten Kreislaufes der irdischen Geschichte. Mit anderen Worten: Die Kirche meinte, in der linearen Chronologie der Heilsgeschichte das letzte Weltalter zu durchleben. In dessen Verlauf mußte die Zeit ohne Hoffnung auf Erneuerung ihrem Ende zustreben. Die Endzeit war in dem Sinne bestimmte Zeit, als sie von Gott bestimmte Zeit war. Die Chiliasten, die seit dem späten 11. Jahrhundert auftraten und Adsos System in ihre Wirklichkeit zu zwingen versuchten, negierten diese lange, allein von Gott bestimmte Zeit. Gelehrte wie Joachim von Fiore hofften, Gottes Allmacht mit menschlicher Rationalität zu ergründen. Anhand der biblischen Überlieferung stellten sie Berechnungen über das Erscheinen des Antichrists, über das Weltende an. Neue Auserwählte traten vor allem im 13. Jahrhundert wie Seuchenwellen auf: Die Franziskaner-Spiritualen organisierten sich; sie schrieben Joachims Lehre fort und bogen sie um; den Anhängern des radikalen Fra Dolcino wurde von der Catholitas 1306 in einem wahren Kreuzzug ein schreckliches Ende bereitet. Flagellanten zogen 1260, im verheißenen Jahr der Joachimiten, durch Italien und Deutschland, ‚Engelspäpste' standen im Kampf von Papsttum und Kaisertum Pate für die gerechte Sache, ‚Endkaiser' wie Friedrich II. und seine Wiedergänger besetzten die politische und kirchliche Szene[12]. Jenes Szenarium des 13. Jahrhunderts, zumindest ein Teil davon, wird die zweite Hälfte dieses Vortrages prägen.

Doch wie stand es um die Christen, die jenseits allen chiliastischen Strebens in der Erwartung der Endzeit lebten, wohl wissend, Tag und Stunde des letzten Gerichts nicht

---

11 B. TÖPFER, Das kommende Reich des Friedens. Zur Entwicklung chiliastischer Zukunftshoffnungen im Hochmittelalter (= Forschungen z. mittelalterl. Gesch. 111), Berlin 1964. Dazu auch die zahlreichen Beiträge in: W. VERBEKE, D. VERHELST, A. WELKENHUYSEN (Hrsg.), The Use and Abuse of Eschatology in the Middle Ages (= Mediaevalia Lovaniensia I, 15), Leuven 1988.

12 Zusammenfassend CAROZZI (wie Anm. 9), S. 130–135; MINOIS (wie Anm. 9), S. 236–238; MÖHRING, Weltkaiser (wie Anm. 10).

zu kennen und doch als sündige, schuldbeladene Menschen darauf vorbereitet zu sein? Die Kirche hatte bereits seit dem 3. Jahrhundert den liturgischen Jahreszyklus rings um das Osterfest ausgestaltet – Advent, Weihnachten, Fastenzeit, Karwoche, Pfingsten –, das heißt, an die Stelle der antiken Idee vom ‚Goldenen Zeitalter' auf Erden den Glauben auf die Erlösung der durch die Buße geläuterten Menschheit gesetzt. Die kirchliche Buße wurde seit dem 11. Jahrhundert mit Hilfe des Purgatoriums, der Vorstellung vom Fegefeuer, durch Beichte und Gewissen, durch Ablaß und Jubeljahre zu einem Bußsystem komplettiert, das durch ein reformerisches Zurück zu den Anfängen, zur Nachahmung Christi in Armut, fundiert war[13]. Diese Bußpraxis stellte die Kirche der chiliastischen Dynamik des apokalyptischen Denkens entgegen. Wo die Kirche einerseits also einen Mythos von der Vollendung der Zeit gleichsam als Adsos Erbe einsetzte, schuf sie andererseits paradoxerweise mit der persönlichen Buße und der Nachahmung Christi einen Mythos von der Erneuerung der Zeit. Endzeiterwartungen und Hoffnungen auf Sündenerlaß an Jahrhundertwenden konnten von daher durchaus zusammenfallen. Damit ist das Feld des Teiles umrissen, dem wir uns nun zuwenden werden: dem Jubeljahr 1300 – für die Gläubigen des Mittelalters Teil der neuen Bußdisziplin im Zeichen des persönlichen Seelenheils am Ende der Zeiten, für die Kirche der Zeit das Mittel zur Deutung und Bewältigung der von den Chiliasten geleugneten langen Zeit, für Historiker des 20. Jahrhunderts wie Francis Rapp die Zäsur, die mit dem Blick auf die Kirche und das religiöse Leben das hohe vom späten Mittelalter trennte[14].

II.

„Alle Jubeljahre" – diese Redewendung war vor dem Jahr 1300 nicht bekannt[15]. 1880 während des sogenannten ‚Kulturkampfes' konnte man in der ‚Real-Encyclopädie', dem maßgeblichen evangelischen Nachschlagewerk, unter dem einschlägigen Lemma lesen:

---

13 A. ANGENENDT, Geschichte der Religiosität im Mittelalter, 2. überarb. Aufl., Darmstadt 2000, S. 626–657; J. LEGOFF, Die Geburt des Fegefeuers, Stuttgart 1984.

14 F. RAPP, L'Église et la vie religieuse en Occident à la fin du Moyen Âge, Paris 1971, S. VI f.

15 Zum Jubeljahr 1300 wie zu den weiteren Heiligen Jahren hat Eva Maria Jung-Inglessis eine übersichtliche Dokumentation vorgelegt: E.M. JUNG-INGLESSIS, Das Heilige Jahr in Rom. Geschichte und Gegenwart, Città del Vaticano 1997. Vorgeschichte, theologische Einordnung und die wesentlichen Quellen bietet A. FRUGONI, Il Giubileo di Bonifacio VIII, in: DERS., Incontri nel Medioevo, Bologna 1979, S. 73–177. Zahlreiche Themen im Rahmen des Jubeljahres 1300 sind behandelt in: A. STICKLER, Il Giubileo di Bonifacio VIII. Aspetti giuridico-pastorali (= Quaderni della Fondazione Camillo Caetani 2), Rom 1977; A.M. ROMANINI (Hrsg.), Roma anno 1300. Atti della IV settimana di studi di storia dell'arte medievale dell'Università di Roma ‚La Sapienza' (19–24 maggio 1980) (= Medievalia 1), Rom 1983. Im übrigen folgt der Verfasser E. BÜNZ, Das Jahr 1300. Papst Bonifaz VIII., die Christenheit und das erste Jubeljahr, in: BÜNZ/GRIES/MÖLLER (wie Anm. 7), S. 50–78 u. 341–346; A. PARAVICINI BAGLIANI, Il giubileo di Bonifacio VIII, in: G. FOSSI (Hrsg.), La storia dei giubilei, Bd. I: 1300–1423,

„Jubeljahr, Jubiläum, eine der schmählichsten Einrichtungen in der römischen Kirche [...]".[16] Und der Historiker Hermann Grotefend, nicht minder protestantisch, schrieb 1891 in dem ebenso kanonischen Handbuch der ‚Zeitrechnung': Das Jubeljahr sei „eine Erfindung des Papstes Bonifaz VIII., um der bedrängten päpstlichen Kasse von Zeit zu Zeit wieder aufzuhelfen"[17]. Nun, das letztere liegt zwar auch im Horizont moderner Politikerfahrung durchaus nahe, ist aber leider, wie man seit einiger Zeit sicher weiß, falsch. Das Papsttum hoffte vielleicht, von Jubeljahr und Ablaß 1300 auch finanziell zu profitieren, doch das Geld der frommen Pilger blieb in den stadtrömischen Kirchen hängen, landete bei den Händlern Roms, verschwand in den gierigen Klauen der Wirte und den fetttriefenden Händen der Garköche an den Ecken der Gassen und Plätze[18]. Fraglich ist auch, ob die Idee des ‚Jubeljahres' in Rom von der Translationsfeier in der Kathedrale von Canterbury herrührt, bei der Erzbischof Stephen Langton im Jahre 1220 die Gebeine seines 50 Jahre zuvor ermordeten Vorgängers Thomas Becket hatte erheben lassen. Bei dieser Gelegenheit hielt Langton eine Predigt, in der er mit dem Verweis auf das ‚Jobeljahr' des Alten Testamentes die Vorstellung eines christlichen Jubeljahres formte. Alle 50 Jahre beging man seitdem in Canterbury das Jubelfest zu Ehren des Märtyrers Thomas Becket[19].

Nein – allein richtig ist bei all dem der Name des Papstes: Bonifaz VIII. verkündete am 22. Februar 1300 mit der Bulle „Antiquorum habet" das erste Heilige Jahr der Christenheit, „damit die seligen Apostel Petrus und Paulus um so mehr verehrt, je andächtiger ihre Basiliken von den Gläubigen besucht werden"[20]. Allen Pilgern, so hieß es in dem offenbar auch noch in der letzten Pfarrei verkündeten päpstlichen Einladungsschreiben[21], die im Heiligen Jahr nach Rom kommen und an 15 Tagen die Kirchen St. Peter und St. Paul vor den Mauern besuchen sowie ihre Schuld bereut und gebeichtet haben, erhalten den vollkommenen Ablaß ihrer Sündenstrafen. Auch der stadtrömischen Bevölkerung stand der Ablaß frei, doch bei ihr ging es nicht unter 30 Tagen ab. In 100 Jahren, so

---

Rom 1997, S. 168–183; J. MIETHKE, Das ‚Jubeljahr' Bonifaz' VIII.: päpstlicher Anspruch auf Weltgeltung, in: L. GALL (Hrsg.), Das Jahrtausend im Spiegel der Jahrhundertwenden, Berlin 1999, S. 137–175 (mit eher allgemeinen Hinweisen); G. DICKSON, The crowd at the feet of Pope Boniface VIII: pilgrimage, crusade and the first Roman jubilee (1300), in: Journal of Medieval History 25 (1999), S. 279–307.

16 G. PLITT, Jubeljar [sic!], Jubiläum, in: Real-Encyklopädie für protestantische Theologie und Kirche, Bd. VII, 2. Aufl., Leipzig 1880, S. 264 f.
17 H. GROTEFEND, Zeitrechnung des deutschen Mittelalters und der Neuzeit, 2 Bde., Hannover 1891, hier: Bd. I, S. 102; BÜNZ (wie Anm. 15), S. 51.
18 BÜNZ (wie Anm. 15), S. 74–77.
19 R. FOREVILLE, Thomas Becket dans la tradition historique et hagiographique, London 1981.
20 „Ut autem beatissimi Petrus et Paulus apostoli eo amplius honorentur, quo ipsorum basilicae de Urbe devotius fuerint a fidelibus frequentatae [...]": H. SCHMIDT (Hrsg.), Bullarium Anni Sancti (= Pontificia Universitas Gregoriana. Textus et Documenta, Series Theologica 28), Rom 1949, S. 33–36, Nr. I, 1. Deutsche Übersetzung: JUNG-INGLESSIS (wie Anm. 15), S. 36.
21 BÜNZ (wie Anm. 15), S. 60.

verhieß es die Bulle, sei beim nächsten Jubeljahr der Plenarablaß wieder zu erwerben. Man mußte sich also sputen.

Die Wallfahrt nach Rom, zu der 1300 eingeladen wurde, war nichts Neues. Das ewige Rom mit den Gräbern der Apostel Petrus und Paulus gehörte schon seit der Spätantike zu einem der herausragenden Ziele der Frommen. Seit der Kirchenreform des 11. Jahrhunderts, die in Deutschland gemeinhin mit dem Namen des Investiturstreites verbunden wird, erlebte die ‚peregrinatio ad limina apostolorum' einen neuen Aufschwung. Die Kreuzzugsbegeisterung seit 1096 und das wachsende Ansehen des Papsttums taten ein übriges. Im Spätmittelalter gehörte die Wallfahrt nach Rom neben der Pilgerreise nach Jerusalem und dem ‚camino' nach Santiago de Compostela zu den Zielen jedes Gläubigen schlechthin, der sich dies leisten konnte[22]. Zugleich war das hoch- und spätmittelalterliche Papsttum zum unumstrittenen Oberhaupt der abendländischen Kirche aufgerückt, und zwar nicht nur was die geistliche Vollgewalt anging. Den Päpsten war es vielmehr gelungen, ihren Primat auch in jurisdiktioneller Hinsicht auszugestalten[23]. Alles gipfelte schließlich 1302 in der Bulle „Unam sanctam" eben jenes Papstes Bonifaz VIII. und ihrer zugespitzten Formulierung: „Es ist zum Heile für jedes menschliche Wesen durchaus unerläßlich, dem römischen Papst unterworfen zu sein."[24] Der gelehrte Thomas von Aquino stand dabei zwar Pate[25], Satz und Haltung verdeutlichen aber vor allem die politische Überdehnung der päpstlichen Suprematie. Die Bulle steht in der Geschichte der Päpste sinnbildlich für die Peripetie, für den Wendepunkt im Einfluß Roms. Im Jahr darauf, am 7. September 1303, wurde Bonifaz VIII. von Abgesandten König Philipps IV. von Frankreich in Anagni gefangengesetzt. Den Papst

---

22 Aus der Überfülle der Reise- und Wallfahrts-Forschungen: L. SCHMUGGE, Die Anfänge des organisierten Pilgerverkehrs im Mittelalter, in: Quellen u. Forschungen aus italien. Archiven u. Bibliotheken 64 (1984), S. 1–83; DERS., Deutsche Pilger in Italien, in: S. de RACHEWILTZ, J. RIEDMANN (Hrsg.), Kommunikation und Mobilität im Mittelalter. Begegnungen zwischen dem Süden und der Mitte Europas (11.–14. Jahrhundert), Sigmaringen 1995, S. 97–113. Im allgemeinen Überblick: N. OHLER, Reisen im Mittelalter, München 1991, S. 269–319. Zu den Kreuzzügen: H.E. MAYER, Geschichte der Kreuzzüge, 8. verb. u. erw. Aufl., Stuttgart, Berlin, Köln 1995.

23 Vgl. z.B. K.A. FINK, Papsttum und Kirche im abendländischen Mittelalter, München 1981, S. 50–52. Zur Biographie Papst Bonifaz' VIII.: H. FINKE, Aus den Tagen Bonifaz' VIII. Funde und Forschungen, Münster 1902 (ND Rom 1964); T.S.R. BOASE, Boniface VIII, London 1933; J. HALLER, Das Papsttum, Bd. V, Reinbek b. Hamburg 1965, S. 70–159.

24 Text: H. DENZINGER, H. HOPING, P. HÜNERMANN (Hrsg.), Kompendium der Glaubensbekenntnisse und kirchlichen Lehrentscheidungen, 37. Aufl., Freiburg/Br., Basel, Rom, Wien 1991, S. 384–387, Nr. 870–875.

25 Die Beweisführung des Aquinaten richtete sich darauf, zu zeigen, daß der Papst der erste und ranghöchste der Bischöfe sei und von daher den Vorrang in der universalen Kirche Christi genieße, ja die Vollgewalt in der Kirche besitze, daß diese Gewalt von Petrus als „vicarius Christi" herrühre, in dessen Nachfolge das Papsttum stehe, und daß endlich dem Papst in Glaubensangelegenheiten die entscheidende Stimme eigne: Thomas von Aquino, Contra errores Graecorum, in: P. MANDONNET (Hrsg.), S. Thomae Aquinatis Opuscula omnia, Bd. III, Paris 1927, S. 279–328, hier: S. 323–326.

befreiten zwar die Anagnesen zwei Tage später, er starb aber wenige Wochen darauf am 11. Oktober in Rom[26]. Seine Nachfolger auf dem Stuhle Petri gerieten in Avignon, das von 1309 bis 1378 die Papstresidenz beherbergte, unter den Einfluß der französischen Krone[27]. Davor jedoch – um 1300 – hatten Papst und römische Kurie die unumschränkte Gewalt zu binden und zu lösen.

Während des 13. Jahrhunderts nun waren Rom zwei jurisdiktionelle Möglichkeiten zugewachsen, die mit der eingangs erwähnten Entwicklung der Kirchenbuße zusammenhingen. Sie erwiesen sich im Jubeljahr 1300 als die Magneten, die neben dem traditionellen Besuch der Apostelgräber die Romwallfahrt zu dem Ereignis der Jahrhundertwende schlechthin machten.

Da ist zum einen der Umstand, daß die Absolution gewisser enormer Sünden seit dem frühen 13. Jahrhundert allein dem Papst vorbehalten war. Die Kurie richtete dafür eine eigene Behörde ein, die Pönitentiarie. Sie konnte Absolutionen bei Sünden und Dispense bei Abweichungen von göttlichen und sittlichen Normen gewähren – gegen gutes Geld versteht sich: Hunderttausendfach hat man während des Spätmittelalters beispielsweise im Falle illegitimer Geburt entsprechende Dispense erteilt[28].

Da ist zum anderen – weitaus wichtiger und gewichtiger – der Ablaß[29]. In der Kirche war es seit jeher üblich, Nachlässe oder Umwandlungen von Strafen zu erwirken. Der Büßer sollte sich dadurch rasch wieder in die Gemeinschaft eingliedern können. Ab dem 11. Jahrhundert setzte sich gerade auch im Zusammenhang mit den Kreuzzügen eine neue Praxis durch: der Almosenablaß. Er wurde von Päpsten oder Bischöfen bei herausragenden religiösen Feierlichkeiten, bei Abteigründungen, bei Kircheneinweihungen gesondert bewilligt. Die Gläubigen konnten bei diesen Gelegenheiten durch ein Almosen ihre Bußschulden loskaufen. Der Ablaß war somit das probate Instrument, das durch den Nachlaß sogenannter zeitlicher Sündenstrafen den Weg der Gläubigen aus Hölle und Fegefeuer zum Paradies ebnete beziehungsweise ermöglichte. Bei der persönlichen Beichte, bei Buße und Absolution sollte nämlich, so die kirchliche Lehre, immer noch ein Rest von Sündenschuld zurückbleiben, da dem Priester, der das Bußsakrament spendet, der genaue Umfang der zeitlichen Strafen für eine bestimmte Sünde unbekannt sei.

---

26 R. FAWTIER, L'attentat d'Anagni, in: Ecole française de Rome. Mélanges d'archéologie et d'histoire 60 (1948), S. 153–179.

27 K.A. FINK, Die Päpste in Avignon, in: H. JEDIN (Hrsg.), Handbuch der Kirchengeschichte, Bd. III, 2: Die mittelalterliche Kirche. Vom kirchlichen Hochmittelalter bis zum Vorabend der Reformation, Freiburg/Br., Basel, Wien 1968, S. 365–425.

28 E. GÖLLER, Die päpstliche Pönitentiarie von ihrem Ursprung bis zu ihrer Umgestaltung unter Pius V., Bd. I–II (= Bibl. d. königl. Preuß. Hist. Inst. in Rom 3–4), Rom 1907; L. SCHMUGGE, Kirche, Kinder, Karrieren: Päpstliche Dispense von der unehelichen Geburt im Spätmittelalter, Zürich 1995.

29 N. PAULUS, Geschichte des Ablasses im Mittelalter vom Ursprunge bis zur Mitte des 14. Jahrhunderts, 2 Bde., Paderborn 1922–1923 (2. Aufl., Darmstadt 2000).

Ein solches Bußwerk zur Tilgung der Restschuld an zeitlichen Sündenstrafen konnte durch die Zahlung eines bestimmten Betrages verrichtet werden[30], aber auch darin bestehen, in fleißigem Gebet bestimmte Kirchen zu besuchen, wie dies die Kurie im Heiligen Jahr 1300 von den Gläubigen forderte. Nun waren die stadtrömischen Kirchen schon seit dem 12. Jahrhundert mit Ablaßschätzen verbunden[31]. Doch die Romwallfahrer gingen in dieser Hinsicht vergleichsweise arm wieder nach Hause. Ein kümmerliches Jahr und 40 Tage Ablaß, das war alles, was lange Zeit von den römischen Kirchen zu erwarten stand. Erst 1289 gewährte Papst Nikolaus IV. der Peterskirche den ersten großen Ablaß von sieben Jahren und siebenmal 40 Tagen[32].

Nun, im Jubeljahr 1300, der vollkommene Ablaß[33]! Er war eine Novität, eine Sensation. Denn der Plenarablaß konnte bis dahin nur bei zwei Gelegenheiten überhaupt erworben werden: durch die Wallfahrt nach Jerusalem oder – seit den Beschlüssen des Konzils von Clermont 1095 – durch die bewaffnete Pilgerreise, durch die Teilnahme am Kreuzzug. Der vollkommene Ablaß, so ist es in den Erläuterungen des Kanonisten und Kardinals Johannes Monachus zur Jubeljahrs-Bulle Bonifaz' VIII. zu lesen, wandelt die unsichere zeitliche Sündenstrafe in sichere Gnadenakte um. Wer nach der reumütigen Beichte, die den Gläubigen wieder in den Stand der Gnade versetzt, und nach Gewinnung des Ablasses, der die Verpflichtung zur Strafe hinwegnimmt, stirbt, der wird direkt in den Himmel fahren[34]. Das war doch etwas! Was schon den letzten bretonischen oder badischen Kleinadligen des 12. und frühen 13. Jahrhunderts zur Kreuznahme hatte hinreißen lassen, das wurde nun im Jahre 1300 zum ‚Verkaufsschlager' des Heiligen Jahres, zum eigentlichen Motiv der Rompilger: der vollkommene Ablaß, „il gran perdono". Der in Florenz ansässige Neri Strinati vertraute seiner ‚Cronichetta' an, er wäre zwar im bequemen Zuhause geblieben, seine Frau Dina aber, die sei zum „perdono" nach Rom

---

30 Der Nürnberger Patrizier Niklas Muffel, der 1452 bei der Kaiserkrönung Friedrichs III. Rom besuchte, berechnete den Geldwert der römischen Ablässe auf die bedeutende Summe von 1400 rheinischen Gulden: W. VOGT (Hrsg.), Nikolaus Muffels Beschreibung der Stadt Rom (= Bibl. d. Lit. Vereins in Stuttgart 128), Tübingen 1876. Dazu G. TELLENBACH, Glauben und Sehen im Romerlebnis dreier Deutscher des fünfzehnten Jahrhunderts, in: E. GATZ (Hrsg.), Festschrift Hoberg (= Miscellanea Historiae Pontificiae 46), Rom 1979, S. 883–912, hier: S. 886. Zu Muffel: G. FOUQUET, Die Affäre Niklas Muffel. Die Hinrichtung eines Nürnberger Patriziers im Jahre 1469, in: VSWG 83 (1996), S. 459–500.

31 Im Überblick zur Rom-Wallfahrt: H. JEDIN, Die deutsche Romfahrt von Bonifatius bis Winckelmann, Krefeld 1951, S. 33–45.

32 PAULUS (wie Anm. 29), II, S. 78–94.

33 FRUGONI, Il Giubileo (wie Anm. 15), S. 90–109; SCHMUGGE, Pilgerverkehr (wie Anm. 22), S. 74.

34 Zu der in das ‚Corpus iuris canonici' unter den ‚Extravagantes communes' aufgenommenen Jubiläumsbulle „Antiquorum habet" Bonifaz' VIII. hat Johannes Monachus (Jean Lemoyne) eine Glosse verfaßt, die nur in älteren, dem Verfasser nicht vorliegenden Drucken (z.B. Paris 1506 und Lyon 1559) publiziert ist. Der Text ist teilweise referiert bei FRUGONI, Il Giubileo (wie Anm. 15), S. 103 f. Dazu auch PAULUS (wie Anm. 29), II, S. 83 f.; BÜNZ (wie Anm. 15), S. 52 u. 72 f.

gelaufen[35]. Die Florentiner Chronisten Giovanni Villani und Dino Compagni sowie der Anonymus, der mit dem Roman ‚El libro del Caballero Cifar' einen Meilenstein in der spanischen Literatur setzte, haben sich damals nach Rom aufgemacht und verarbeiteten die Eindrücke des Jubeljahres in ihren Werken: Sie glaubten, Zeugen eines weltgeschichtlichen Ereignisses gewesen zu sein[36].

Bei dem Massenansturm bereitete dem römischen Konsistorium nur eine Frage wirklich Kopfzerbrechen, ob aus brennender Sorge oder aus Lust zur Kasuistik steht dahin[37]: Ist der Gnadenschatz Christi, an dem der kirchliche Ablaß teilhat, wirklich unendlich, oder kann er durch die schier ungeheuer vielen Jubiläumspilger aufgebraucht werden? Denn nach der Lehre der Kirche erwarben die Menschen den Ablaß nicht aus eigenem Verdienst, mochten sie bei dem Besuch der Kirchen auch noch so viel beten oder Geld zuhauf den Armen als milde Werke zuteilen lassen. Der Ablaß war vielmehr allein eine Frage der Gnade[38]. Beleuchtet hat die in Rede stehende grundlegende Theorie des Ablasses um 1230 der Dominikanerkardinal Hugo von St. Cher: Alle Sünden seien, so der Dominikaner, durch die Passion Christi und die Leiden der Märtyrer gesühnt und damit vergeben. „Dies vergossene Blut ist ein im Schrein der Kirche niedergelegter Schatz, dessen Schlüssel die Kirche hat, so daß sie nach Belieben den Schrein öffnen und durch die Gewährung von Ablässen von diesem Schatz mitteilen kann, wem sie will. Und auf diese Weise bleibt die Sünde nicht ungestraft, weil sie in Christus und seinen Märtyrern bestraft ist."[39] Mit anderen Worten: Die Lehre vom ‚Gnadenschatz' der Kirche stützte sich auf die Idee einer die Jahrhunderte überspannenden Solidarität der Auserwählten mit den einfachen Gläubigen. Daraus folgte, daß die universelle Solidarität der Mitglieder der Kirche, seien sie nun tot oder lebendig, die eschatologische Zeit, die lange, von Gott bestimmte Zeit bis zum Untergang der Welt, aufhob. Die Erwartung eines sich erneuernden Ereignisses, die Suche nach einem heilsamen Bruch, welche die Chiliasten umtrieb, war mit dem Ablaß, gänzlich mit dem Plenarablaß und dem Jubeljahr 1300, unnötig geworden. Die apokalyptische Prophetie hätte eigentlich außer Gebrauch kommen müssen. Denn alle Instrumente des Heils waren mit dem Ablaß in jedem Augenblick auf Erden zugänglich, aber – und das war wohl das wesentliche Element für die fortbestehende Wirkungsmächtigkeit der biblischen Apokalypse und ihrer menschlichen Sprachrohre – allein die Kirche besaß die Schlüssel

---

35 FRUGONI, Il Giubileo (wie Anm. 15), S. 173, Anm. 308.
36 JUNG-INGLESSIS (wie Anm. 15), S. 43.
37 BÜNZ (wie Anm. 15), S. 73 f.
38 PAULUS (wie Anm. 29), II, S. 141–158 (Lehre vom Kirchenschatz).
39 Der Sentenzenkommentar, in dem Hugo von St. Cher diese Theorie an der Pariser Universität entwickelte, ist nicht überliefert. Es liegt allerdings ein Auszug des Kanonisten Heinrich von Susa in einem während der 1250er Jahre abgeschlossenen Manuskript vor. Die entsprechende lateinische Textpassage bei: PAULUS (wie Anm. 29), II, S. 342, Anm. 49. Deutsche Übersetzung: B. POSCHMANN, Buße und letzte Ölung (= Handb. d. Dogmengesch. IV, 3), Freiburg 1951, S. 119.

dazu⁴⁰. Jedenfalls – im Rom des Jahres 1300 hat man die Frage nach der Unendlichkeit des Gnadenschatzes der Kirche positiv beantwortet – selbstverständlich! Selbst wenn alle Christen („omnes catholici") nach Rom des Ablasses wegen kämen, betonte Johannes Monachus, der gelehrte Ausleger, könne sich dieser Kirchenschatz zumindest nicht verbrauchen. Dies sei wie eine Träne im Ozean oder wie ein Körnchen Hirse am Großen St. Bernhard⁴¹.

Besondere römische Gnadenmittel und der vollkommene Jubiläumsablaß – doch wie steht es um das Jahr 1300 selbst? Hatte die Jahrhundertwende irgendeine Bedeutung? Spielte sie für die Terminierung des Jubeljahres eine Rolle? Allen, die sich bislang mit der Verkündigungsbulle des Jubeljahres beschäftigten, ist das Ausstellungsdatum aufgefallen: Es handelte sich, wie bereits angeführt, um den 22. Februar 1300. Nicht also am 25. Dezember 1299 bzw. in der Vesper an Heiligabend, wie dies nach dem sogenannten Weihnachtsstil, mit dem die Kurie sonst den Anfang des neuen Jahres berechnete, nahegelegen hätte und heute noch für den Beginn des römischen Jubeljahres gilt, sondern viele Wochen später wurde damals das Heilige Jahr ausgerufen. Wie kam es zu diesen Verzögerungen und was haben sie mit der Frage nach der Bedeutung der Jahrhundertwende zu tun⁴²?

Wer die ‚typische' römische Schlamperei vermutet, liegt zumindest in diesem Fall daneben. Ein zeitgenössischer Bericht vermag einige Klarheit zu verschaffen. Das Dossier stammt mitten aus dem Herzen der Kurie. Sein Verfasser, der Kardinal Jacopo Gaetani Stefaneschi, führender Mann des römischen Adels und der Kurie⁴³, war Augen- und Ohrenzeuge der Ereignisse⁴⁴. Es scheint danach folgendes festzustehen: Das Jubeljahr 1300 wurde nicht von langer Hand vorgeplant, es war keineswegs von der römischen

---

40 CAROZZI (wie Anm. 9), S. 177.
41 Text bei: FRUGONI, Il Giubileo (wie Anm. 15), S. 104.
42 Für das Folgende: BÜNZ (wie Anm. 15), S. 53–63.
43 J. HÖSL, Kardinal Jacobus Gaetani Stefaneschi. Ein Beitrag zur Literatur- und Kirchengeschichte des beginnenden vierzehnten Jahrhunderts (= Hist. Studien 61), Berlin 1908; L. VONES, Art. Jacobus Gaetani Stefaneschi, in: Lexikon für Theologie und Kirche, Bd. V, 3. Aufl., Freiburg/Br., Basel, Wien 1996, Sp. 731. Zum Kardinalskollegium und der Kurie während der Zeit Bonifaz' VIII.: A. PARAVICINI BAGLIANI, La vita quotidiana alla corte dei papi del duecento, Rom, Bari 1996.
44 D. QUATTROCCHI, L'Anno Santo del 1300. Storia e Bolle pontificie da un Codice del sec. XIV del Card. Stefaneschi, in: Bessarione 4 (1899–1900) 7, S. 291–317. Dazu die Ergänzungen in: A. FRUGONI, Riprendendo il „De centesimo seu Iubileo anno liber" del cardinale Stefaneschi, in: Bulletino dell'Istituto Storico Italiano per il Medio Evo e Archivio Muratoriano 61 (1949), S. 163–172; A. ILARI, Jacopo Stefaneschi, De centesimo seu iubileo anno. Testo latino e traduzione, in: FOSSI (wie Anm. 15), I, S. 198–214. Deutsche Übersetzung: P.G. SCHMIDT, Das römische Jubeljahr 1300. Mit einer Übersetzung von Jacopo Gaetani Stefaneschis De anno iubileo, in: Wiss. Ges. a. d. J.W. Goethe-Univ. Frankfurt a.M. Sitzungsberichte 38, Stuttgart 2000, S. 395–424 (auch als Einzelschrift erschienen). Zu Stefaneschis Schrift: G. RAGIONIERI, Un cardinale testimone del primo giubileo. Jacopo Stefaneschi e il „De centesimo", in: FOSSI (wie Anm. 15), I, S. 216–223; SCHMIDT, Jubeljahr (s.o.), S. 395–405. Zur weiteren literarischen Verarbeitung des Jubeljahrs: DICKSON, The crowd (wie Anm. 15), S. 287.

Inquisition quasi als scharfes Schwert im Kampf gegen die teuflischen Chiliasten geschmiedet worden.

Was war es dann? Bereits einige Zeit vor dem 1. Januar 1300, schreibt Kardinal Stefaneschi, sei an der Kurie, hellhörig wie immer, vernommen worden, im Volk murmele man, daß alle, die in eben diesem Jahr 1300 nach Rom zur Basilika des Apostels Petrus kämen, die vollständige Vergebung ihrer Sündenstrafen erlangten. Bonifaz VIII., „Pius pater", der Heilige Vater, habe daraufhin angeordnet, die kurialen Akten und Bücher zu durchforsten, woher denn dieser merkwürdige Glaube rühren könnte. Die Nachforschungen seien ergebnislos geblieben[45]. Doch interessanterweise verhielt sich die Kurie nicht, wie dies in ähnlich gelagerten Fällen Administrationen sonst zu tun pflegen: Trotz der Tatsache, daß über diesen Volksglauben zur Jahrhundertwende nichts in den Akten stand, verwarf man das Gerücht nicht. Die maßgeblichen Kurialen gingen vielmehr, so Stefaneschi, davon aus, daß über einen solchen Akt wohl niemals Aufzeichnungen gemacht worden oder die Bücher verloren gegangen seien, und taten zunächst einmal nichts. Womit wir wieder bei den üblichen bürokratischen Verhaltensweisen wären.

Den Anbruch des neuen Jahrhunderts, schreibt Stefaneschi weiter, habe Papst Bonifaz VIII. in seiner Residenz im Lateran erwartet. Da hätten sich in der Peterskirche höchst merkwürdige Dinge zugetragen. Kardinal Stefaneschi, zugleich Domherr an St. Peter, hat sie unmittelbar selbst erlebt: „Es geschah Erstaunliches: Fast den ganzen ersten Tag des Januar blieb das Geheimnis des künftigen Ablasses verborgen, als sich aber die Sonne schon gegen Abend neigte und sich ungefähr gegen Mitternacht das Geheimnis unter den Römern herumgesprochen hatte, eilten sie in großer Zahl zu der dem Heiligen Petrus geweihten Basilika. Dicht gedrängt standen sie um den Altar und behinderten sich gegenseitig so, daß man kaum zum Altar vordringen konnte; sie verhielten sich so, als ob noch an diesem Tag, der ja bald zu Ende ging, auch die Gnade des Ablasses versiegen würde oder weil sie der Meinung waren, daß man an diesem Tag ein höheres Maß an Gnade erlangen könne. Ich muß es in meinem Bericht unentschieden lassen, ob sie deswegen kamen, weil am Morgen in der Basilika eine Predigt über das hundertste beziehungsweise das Jubeljahr gehalten worden war, oder ob sie aus eigenem Antrieb kamen, oder ob sie, was wahrscheinlicher ist, einer Weisung des Himmels folgten, der an die Vergangenheit des Jubeljahres erinnern und das kommende damit vorbereiten wollte.

---

45 QUATTROCCHI (wie Anm. 44), S. 299 f.; SCHMIDT, Jubeljahr (wie Anm. 44), S. 406. Dazu FRUGONI, Il Giubileo (wie Anm. 15), S. 80 f. In differenzierter Weise berichtet der französische Benediktiner Gilles Li Muisis, daß Papst und Kardinäle durch Nachforschungen in den Registern und über die Befragung alter Leute etwas über die Kuriosität erfahren hätten: H. LEMAÎTRE (Hrsg.), Chronique et Annales de Gilles li Muisis, Paris 1906, S. 56. Dazu auch A. D'HAENENS, Gilles Li Muisis pèlerin (1300) de la première Année sainte, in: Bulletin de l'Institut Belge de Rome 30 (1957), S. 31–48; DICKSON, The crowd (wie Anm. 15), S. 292.

Nach diesen ersten Anfängen nahm von Tag zu Tag der Glaube zu und die Zahl der Pilger aus Rom und aus der Ferne wurde größer."[46]

Was war das für ein wundersamer Glaube des Volkes? Die Menge wäre, so versichert unser Gewährsmann, von den Vorstellungen beseelt gewesen, am ersten Tag des Jahres 1300 sei der vollkommene, in den Monaten danach zumindest ein hundertjähriger Ablaß zu gewinnen[47]. Selbst nach Asti war offenbar solch Wunderbares gedrungen. Schreibt doch der Chronist Guilielmus Ventura: „Ich mache allen Christgläubigen bekannt, daß im Jahre 1300 so viele Männer wie Frauen aus jedem christlichen Stand vom Osten und vom Westen eiligst nach Rom kamen und baten Papst Bonifaz: ‚Gib uns deinen Segen, bevor wir sterben! Von den Alten haben wir gehört, daß einer, der als Christ während des ganzen Heiligen Jahres die Reliquien der Heiligen Apostel Petrus und Paulus besucht haben wird, befreit sei von Schuld und Strafe.'"[48]

Was tat Bonifaz VIII., „der höchste Bischof der heiligen römischen Kirche", angesichts dieses bedrängenden Volksglaubens, der, wie Kardinal Stefaneschi versichert, durch himmlische Zeichen bestärkt worden war? Er „achtete sorgfältig auf das alles mit der ihm eigenen Klugheit und bewahrte es in seinem Herzen"[49]. Nicht genug damit. Ein Greis von 107 Jahren sei, so Stefaneschi weiter, vor dem Papst und einer großen Menschenmenge erschienen. Vor einem Jahrhundert, beschwor er sie, sei sein Vater nach Rom gekommen, um den Ablaß zu gewinnen, und habe ihm aufgetragen, nämliches auch im Jahre 1300 zu tun, falls er die nächste Jahrhundertwende erlebe. Überdies würden, ich zitiere immer noch aus Stefaneschis Bericht, in Frankreich in der Diözese Beauvais noch „zwei über Hundertjährige und in Italien noch eine weit größere Zahl von Menschen dieses Alters" leben. Sie bezeugten durch ihre Erinnerung: Zur Jahrhundertwende könne man in Rom den vollkommenen Ablaß erhalten[50].

---

46 QUATTROCCHI (wie Anm. 44), S. 300. Deutsche Übersetzung: SCHMIDT, Jubeljahr (wie Anm. 44), S. 406 f. Dazu FRUGONI, Il Giubileo (wie Anm. 15), S. 87; DICKSON, The crowd (wie Anm. 15), S. 291 f.
47 QUATTROCCHI (wie Anm. 44), S. 300; SCHMIDT, Jubeljahr (wie Anm. 44), S. 407.
48 „Notum facio omnibus fidelibus christianis, quod de anno MCCC ab oriente et ab occidente tam viri quam mulieres ex omni genere Christiano in innumerabili quantitate veloces Romam pergentes dixerunt Bonifacio tunc summo pontifici: ‚Da nobis benedictionem tuam, antequam moriamur. Audivimus ab antiquis, quod quisquis christianus omni anno centesimo visitaverit corpora beatorum apostolorum Petri et Pauli liber sit tam a culpa quam a poena.'" Guilielmus VENTURA, Memoriale de gestis civium Astensium et plurium illorum (= Rerum Italicarum Scriptores XI), Mailand 1727 (ND 1978), Sp. 153–268, hier: Sp. 191. Deutsche Übersetzung (teilweise): JUNG-INGLESSIS (wie Anm. 15), S. 32.
49 QUATTROCCHI (wie Anm. 44), S. 300. Deutsche Übersetzung: SCHMIDT, Jubeljahr (wie Anm. 44), S. 407.
50 QUATTROCCHI (wie Anm. 44), S. 300 f. Deutsche Übersetzung: SCHMIDT, Jubeljahr (wie Anm. 44), S. 407 f. Möglicherweise lag dem ‚Volksglauben' die Tradition der Veronika-Verehrung und -Prozession in St. Peter seit dem 20. Januar 1208 zugrunde: B. BOLTON, Advertise the message: images in Rome at the turn of the twelfth century, in: Studies in Church History 28 (1992), S. 117–130, hier: S. 125. Denn das Schweißtuch der Hl. Veronika wurde auch am 17. Januar 1300 in St. Peter gezeigt: FRUGONI, Il Giubileo (wie Anm. 15), S. 7 u. 84; DICKSON, The crowd (wie Anm. 15), S. 293.

Der ganze Vorgang scheint ein Lehrstück dafür, wie ein Gerücht selbst seine Wirklichkeit erzeugt: Gleich wie Papst und Kardinäle auch den Sachverhalt bewerten mochten, die Entscheidungssuche glitt ihnen unter den andrängenden Volksmassen und ihren Erwartungen nach einem Plenarablaß zur Jahrhundertwende mehr und mehr aus den Händen. Der Papst konnte diese ‚Abstimmung mit den Füßen' über die Bußerwartung und damit über die Erneuerung der Zeit an bestimmten Zeitenwenden in der langen unveränderbaren Dauer bis zum Ende der Welt nur noch kanalisieren, indem er sich an die Spitze der Bewegung aufzumachen und wieder Herr des Geschehens zu werden versuchte, mithin seine Suprematie in Glaubensdingen gegen den Glauben des Volkes an Jahrhundertablässe setzte.

Wieder greifen wir zum Dossier Kardinal Stefaneschis und erhalten daraus einen der seltenen Einblicke in die verborgenen Wandelgänge der römischen Kurie[51]: Mehrfach sei die Angelegenheit, „das vom Heiligen Geist entflammte Feuer", im Konsistorium vor Papst und Kardinälen beraten worden, heißt es dort. Schließlich – es war Februar geworden – habe man den Text der Jubiläumsbulle entworfen, dann immer wieder diskutiert und umformuliert. Am 16. Februar stand der Text und wurde mit dieser Datierung auch in das entsprechende Vatikanregister eingetragen. Bonifaz VIII. selbst aber ließ die Bulle schließlich mit der Datierung 22. Februar und der Ortsangabe „Romae apud sanctum Petrum" („in Rom zu St. Peter") ausfertigen[52]. Das war, wie der Bericht Stefaneschis es bestätigt, ein ganz bewußter, ein demonstrativer Akt religiöser wie machtpolitischer Symbolik des Papsttums[53]: Bonifaz VIII. verlegte zum einen die Veröffentlichung der Bulle in die Kirche, auf die sich bereits vor der Jahreswende die Erwartungshaltungen der Gläubigen konzentriert, auf die allein sich die Hoffnungen des Volkes auf den Plenarablaß gerichtet hatten. Zum anderen feiert die Kirche am 22. Februar das Fest ‚Cathedra Petri', das Fest der Thronbesteigung des Heiligen Petrus, das Hauptfest eben jener Basilica di Santo Pietro. Gemeinsam mit den Kardinälen bestieg denn auch Bonifaz VIII. am 22. Februar in St. Peter den mit golddurchwirkten Seidentüchern gezierten Ambo, hielt vor der versammelten Menge die Festpredigt und ließ den Wortlaut der Jubiläumsbulle verlesen. Danach legte der Papst die Bulle auf dem Altar der Peterskirche nieder – wiederum

---

51   QUATTROCCHI (wie Anm. 44), S. 301. Deutsche Übersetzung: SCHMIDT, Jubeljahr (wie Anm. 44), S. 408.
52   BÜNZ (wie Anm. 15), S. 57.
53   QUATTROCCHI (wie Anm. 44), S. 301; SCHMIDT, Jubeljahr (wie Anm. 44), S. 408. Dazu FRUGONI, Il Giubileo (wie Anm. 15), S. 98–101. Ein fragmentarisch, ursprünglich an der Verkündigungsloggia der Lateranbasilika sich befindendes Fresko Giottos wurde bis vor kurzem mit der Verkündigung der Jubiläumsbulle in Verbindung gebracht. Tatsächlich zeigt es wohl die Inbesitznahme des Lateran durch Bonifaz VIII. im Januar 1295: H. RÖTTGEN, Die Inbesitznahme des Lateran durch Bonifaz VIII. Überlegungen zur Wirklichkeit der Benediktionskanzel in Giottos Fresko und zur alten Benediktionskanzel des Lateran, in: M. KINTZINGER, W. STÜRNER, J. ZAHLTEN (Hrsg.), Das Andere Wahrnehmen. Beiträge zur europäischen Geschichte. August Nitschke zum 65. Geburtstag gewidmet, Köln, Weimar, Wien 1991, S. 141–168 (mit Abb. 1).

ein symbolischer Akt für seinen Anspruch als Nachfolger Petri, des Apostelfürsten. „Jetzt", so das Wortspiel Kardinal Stefaneschis, „war dieser Tag unstrittig ein Tag des Jubels. Die Menge klatschte jubelnd Beifall."[54] Der Text der Bulle blieb nicht nur Pergament, das sich als solches noch heute im Archiv des Domkapitels von St. Peter befindet, sondern wurde auf Anordnung des Papstes in Stein gemeißelt und an der Peterskirche angebracht[55]. Nach Fertigstellung des Neubaus von St. Peter seit 1505 unter Bramante, Michelangelo und Maderno ließ man die Marmortafel in der Vorhalle links neben der zum Jubeljahr 1400 zum ersten Mal geöffneten Heiligen Pforte[56] wieder anbringen, wo sie noch heute den Gläubigen vom ersten Jubeljahr 1300 kündet[57].

Noch am nämlichen 22. Februar 1300 erging ein Rundschreiben an die ganze Christenheit, das, über die Organisation der Papstkirche, über die Metropoliten und ihre Diözesen verbreitet, auch noch dem lesefaulsten Ortspfarrer am Ende des langen lateinischen Textes mit einem Merkvers auf die Sprünge half – in deutschen Schüttelreimen: „Die hundertste Jahresfrist – in Rom immer ein Jubiläum ist./Dem Sünder winkt Befreiung – dem, der bereut, Verzeihung./Bonifatius hat dazu ermächtigt und hat dies auch bekräftigt."[58] So vorbereitet, harrte man in Rom der Pilger, die da kommen sollten. Die Wirkung des päpstlichen Jubelablasses war überwältigend. Viele Tausend Jubel-Waller kamen in die Ewige Stadt.

Kardinal Jacopo Stefaneschi schreibt, daß „das Volk der Stadt Rom, die die Hauptstadt der ganzen Welt ist, zu den Basiliken seiner Schutzpatrone" eilte. Selbst die unverheirateten jungen Frauen, „die tagsüber mit der den Jungfrauen eigenen Scheu zuhause blieben und sich so den Blicken der Männer entzogen", hatten Teil an diesem Laufen: Nachts seien sie „unter dem sicheren Schutz älterer Frauen zu den heiligen Kirchen der Apostelfürsten" gegangen. Überhaupt sei es für die Römer angezeigt gewesen, möglichst umgehend jene Basiliken aufzusuchen, „solange die Ausländer noch nicht in die Stadt kamen". Denn die ließen nicht lange auf sich warten. Sobald die Italiener, Ungarn und Deutschen die Kunde vom Jubelablaß vernommen hatten, „stürmten (augenblicklich) haufenweise wahre Volksmassen in einer so großen Zahl in die Stadt, daß sie, wo sie

---

54 QUATTROCCHI (wie Anm. 44), S. 301. Deutsche Übersetzung: SCHMIDT, Jubeljahr (wie Anm. 44), S. 408.
55 Text der Marmortafel: FRUGONI, Il Giubileo (wie Anm. 15), S. 100 f.
56 In der älteren Literatur, so noch JUNG-INGLESSIS (wie Anm. 15), S. 121–131, wurde das Jahr 1500 dafür angegeben. Dagegen hat Arnold Esch auf einen Geschäftsbrief des Prateser Kaufmanns Francesco di Marco Datini aufmerksam gemacht, aus dem das Jahr 1400 für die erstmalige Öffnung der Heiligen Pforte eindeutig zu entnehmen ist: A. ESCH, Der Historiker und die Wirtschaftsgeschichte, in: Dt. Archiv f. Erforschung d. Mittelalters 43 (1987), S. 1–27, hier: S. 18; BÜNZ (wie Anm. 15), S. 58.
57 JUNG-INGLESSIS (wie Anm. 15), S. 35.
58 „Annus centenus – Romae semper est iubilenus/Crimina laxantur – cui poenitet ista donantur/Hoc declaravit – Bonifacius et roboravit": A. MERCATI, Una lettera dello scrittore pontificio Silvestro sul Giubileo del 1300, Rom 1928, S. 7.

auftauchten, wie ein Heer oder ein Schwarm erschienen"⁵⁹. „Öfter", so ließen sich die Verfasser der weit entfernten ‚Größeren Colmarer Annales' vernehmen, sei es vorgekommen, daß in Rom 30 000 Menschen an einem Tag aus- und einzogen⁶⁰. Für den schon erwähnten Chronisten Giovanni Villani aus Florenz war der nicht zu stillende Strom von Pilgern sogar „das Wunderbarste", was er je gesehen haben will. „Ein großer Teil der Christen, die damals lebten", habe sich nach Rom aufgemacht. 200 000 sollen es im Laufe des Jahres gewesen sein⁶¹. Während Villani immerhin eine Zahl nennt, die für ihn schon monströs genug gewesen sein dürfte, weil er aus einer Stadt kam, die zwar zu den größten urbanen Zentren Europas gehörte, aber 1300 gerade einmal rund 95 000 Köpfe aufwies⁶², berichtet eine Chronik aus dem wesentlich kleineren und von der Jubeljahrsfahrt trotz guter Lebensmittelversorgung stark belasteten Parma atemlos davon, daß die Scharen aus der Lombardei, Frankreich, Burgund, Deutschland und aus anderen Ländern unzählig gewesen, ja an manchen Tagen gleich Heeren erschienen seien, die über die Claudische Straße nach Rom fluteten. Alle Stände, Gruppen und Schichten seien unter den Wallern zu finden gewesen⁶³. Dagegen sah der Verfasser der Annalen aus Modena nicht nur die kaum zu zählenden Bienenschwärme und Menschenströme, sondern auch die einzelnen Pilger, wie sie, wenn sie ihre Füße durch die Last des langen

---

59 QUATTROCCHI (wie Anm. 44), S. 302. Deutsche Übersetzung: SCHMIDT, Jubeljahr (wie Anm. 44), S. 409.
60 P. JAFFÉ (Hrsg.), Annales Colmarienses maiores (= MGH SS 17), Hannover 1861, S. 202–232, hier: S. 225.
61 „Per la qual cosa gran parte de'christiani, che allhora viveano, feciono il detto pellegrinaggio, cosi femine, come huomini, di lontani e diversi paesi e di lungi e d'apresso; e su la più mirabile cosa, che mai si vedesse, che al continuo in tutto l'anno havea in Roma oltre al popolo Romano 200.milia di pellegrini [...]": Johannis Villani Florentini Historia universalis a condita Florentia ad annum MCCCXLVIII (= Rerum Italicarum Scriptores XIII), Mailand 1728 (ND 1978), Sp. 1–1002, hier: Sp. 367; Giovanni VILLANI, Cronica, Bd. III, Florenz 1823, S. 51. Deutsche Übersetzung: JUNG-INGLESSIS (wie Anm. 15), S. 39. Dazu FRUGONI, Il Giubileo (wie Anm. 15), S. 132 f.
62 Dazu die klassische Studie: D. HERLIHY, C. KLAPISCH-ZUBER, Les Toscans et leurs familles. Une étude du Catasto florentin de 1427, Paris 1978, S. 173–177.
63 „Propter quod [Jubeljahr 1300] multi et quasi infiniti de civitate et districtu Parme, masculi, femine, clerici, layci, religiosi, religiose et manace [sic!] iverunt Romam, et de tota Lombardia, Francia, Bergondia, Alamania et de ceteris provinciis et partibus ab omni parte christianorum; et infiniti barones, milites et domine magne, et ceteri sine numero utriusque sexus et cuiuslibet conditionis, status, ordinis et dignitatis, iverunt Romam dicta de causa. Et singulis diebus videbatur quod iret unus exercitus generalis omnibus horis per stratam Claudiam intus et extra; et veniebant ipsi barones et domine de Francia et de aliis longinquis partibus xl. et l. et pluribus cavalcaturis; et omnes domus strate Claudie in civitate et extra, tam solita hospitia et taberne quam alie, pro maiori parte hospitabantur, et dabant cibum et potum pro denariis, et cotidie erant plena hominibus et personis. Et satis bona ubertas et derata erat de omnibus victualibus. Et per universum orbem exivit sonus dicte indulgentie": G. BONAZZI (Hrsg.), Chronicon Parmense ab anno 1038 usque ad annum 1338 (= Rerum Italicarum Scriptores IX, 9), Città di Castello 1902, S. 80 f.

Weges nicht mehr trugen, Pferde und andere Reittiere erwarben, erzählt auch davon, daß viele Jugendliche aus Geldmangel „ihre Väter und Mütter auf Schultern und Rücken trugen"[64]. Auch nördlich der Alpen, dort, wo die Rompilger herkamen, registrierten die Zeitgenossen jenes Großereignis im Jahre 1300 und hielten es in der Überlieferung fest. Der Chronist in der englischen Abtei von Bury St. Edmunds schrieb, daß Menschen beiderlei Geschlechts und jeden Alters aus der ganzen Christenheit zum vollkommenen Ablaß nach Rom eilten[65]. Und die Annalisten und Chronisten von Gent und Köln sprachen wie die italienischen Stimmen über dieses Laufen nach Rom in den Bildern von Menschenmassen, redeten von „maxima multitudo peregrinorum" und von „innumerabilis multitudo"[66].

Wir alle wissen es: Mittelalterliche Chronisten liebten es, Zahlen- und Größenverhältnisse maßlos zu übertreiben, um die Bedeutung einer bestimmten Angelegenheit deutlich, ja überdeutlich hervortreten zu lassen. Doch nach Rom kamen im Jahre 1300 wirklich viele Tausende, die auf den Ablaß der Kirche hofften. In einer unbestechlichen Quelle hat sich zumindest ein Teil dieser Pilgerströme dokumentiert. Es handelt sich um die Rechnungen der Zollstation von Bard im Aostatal, die ab dem Jahr 1278 erhalten sind[67]. Die Zollrollen dokumentieren den Verkehr über den Großen St. Bernhard, mithin den zentralen Alpenpaß, den viele von Westeuropa kommende Pilger benutzten, um nach Italien zu gelangen. Dort im Aostatal war für diejenigen, die beritten waren, das heißt also nur für die Vermögenderen unter den frommen Wallfahrern, ein Wegegeld zu entrichten. Die Zollrechnungen zeigen nun im einzelnen, daß vor und nach dem Jubeljahr 1300 im Jahresmittel etwa 800 Reiter über den Paß gezogen sind, neben Pilgern selbstverständlich auch Kaufleute, Boten, Gesandte, deutsche Adlige, die sich als Söldner in Italien verdingten, etc. Angesichts dieser Zahlen ist kaum von Staus vor der Zollstelle auszugehen. Im Jahre 1300 wurde es dem Zöllner dagegen nicht langweilig: Allein zwischen April und Oktober, also in der guten, einigermaßen schneefreien Jahreshälfte, passierten 7987 Pferde und 22 Esel mit Frau und Mann aus Frankreich, 684 Engländer samt Pferden und zwei einsame Kölner hoch zu Roß seine Mautstation, soviel wie in den fünf vorhergehenden Jahren zusammen. Die vielen kleinen Leute aus Frankreich und

---

64 „[...] et multi juvenes pecuniam non habentes, patres et matres super humeris et collo portabant": Annales veteres Mutinensium ab anno MCXXXI, usque ad annum MCCCXXXVI (= Rerum Italicarum Scriptores XI), Mailand 1727 (ND 1978), Sp. 51–86, hier: Sp. 75.

65 A. GRANSDEN (Hrsg.), Chronicle of Bury St. Edmunds, 1212–1301, London 1964, S. 155. Dazu DICKSON, The crowd (wie Anm. 15), S. 294.

66 H. JOHNSTONE (Hrsg.), Annales Gandenses, Edinburgh 1951, S. 11; G. WAITZ (Hrsg.), Chronica regia Coloniensis (Annales maximi Colonienses), IX: Martini continuatio Coloniensis (= MGH SS rer. germ. 18), Hannover 1880, S. 354–369, hier: S. 362.

67 Dazu R.H. BAUTIER, Le Jubilé romain de 1300 et l'alliance francopontificale au temps de Philippe le Bel et de Boniface VIII, in: Le Moyen Âge 86 (1980), S. 189–216; SCHMUGGE, Pilgerverkehr (wie Anm. 22), S. 75 f.; BÜNZ (wie Anm. 15), S. 64.

England, die sich zu Fuß nach Rom aufgemacht hatten, um dort ihre kümmerlichen Ersparnisse gegen den ewigen Lohn einzutauschen, sind zwar auch durch das Aostatal gekommen, doch da ‚Schusters Rappen' mautfrei waren, kümmerten sie den Zollschreiber nicht.

Und in Rom selbst, einer Stadt, die damals kaum 50 000 Seelen gezählt haben dürfte, muß das Gedränge der Pilger gewaltig gewesen sein[68]. Hinzu dürften freilich auch noch diejenigen gekommen sein, die durch große Menschenmassen im Mittelalter immer angelockt wurden, die Gaukler, Bärenführer und Possenreißer, die Bettler, Halsabschneider und Huren. „Innerhalb und außerhalb der Stadtmauern", schreibt der Gewährsmann Kardinal Stefaneschi, „drängte sich eine dichte Menschenmenge. Sie wuchs um so mehr, je weiter die Zeit voranschritt; viele kamen im Gedränge zu Tode."[69] „Ich sah mehr als einmal Männer und Frauen unter die Füße getreten und entrann auch selbst mit Mühe mehrmals dieser Gefahr", berichtet schreckensbleich Guilielmus Ventura aus Asti ebenfalls von menschlicher Hysterie und herdentriebähnlichem Verhalten[70]. An Verkehrsknotenpunkten im römischen Stadtgebiet, insbesondere an der Ponte San Angelo, an der Engelsbrücke, überhaupt einer der wenigen Tiberübergänge des spätmittelalterlichen Rom, mußten Vorkehrungen getroffen werden. Im Heiligen Jahr 1450 sollten auf jener Brücke 172 Menschen nebst vier Pferden und einem Maulesel zu Tode gedrückt werden[71]. Dante Alighieri aus Florenz, der Nationaldichter Italiens, erinnert in der ‚Divina commedia' bei seiner visionären Wanderung durch die Hölle, die er in die Karwoche des Heiligen Jahres 1300 verlegte, an dieses schreckliche Geschiebe und schreibt im 18. Gesang des ‚Inferno' (28–33)[72]: „So wie in Rom im Jubiläumsjahre/Des großen Andrangs wegen auf der Brücke/Die Leute einen Weg gefunden haben,/Daß auf der einen Seite mit den Blicken/Zu dem Kastell sie nach Sankt Peter gehen/Und auf der andern Seite nach dem Berge." – In unfreiwilliger Komik beeilte sich Robert Davidsohn, 1912 in seiner ‚Geschichte der Stadt Florenz im Mittelalter' dazu mitzuteilen: Dantes Bemerkung „übermittelt uns das älteste Beispiel einer Regelung des Verkehrs durch Rechtsgehen"[73].

---

68 Zum Aussehen Roms um 1300: R. Krautheimer, Rome. Profile of a City (312–1308), Princeton 1983. Zum Leben in der Stadt des 13. Jahrhunderts die klassische, erstmals ab 1859 erschienene Darstellung: F. Gregorovius, Geschichte der Stadt Rom vom V. bis zum XVI. Jahrhundert, hrsg. v. W. Kämpf, 4 Bde., München 1978, hier: Bd. II, S. 552–581.
69 Quattrocchi (wie Anm. 44), S. 302. Deutsche Übersetzung: Schmidt, Jubeljahr (wie Anm. 44), S. 409.
70 Ventura (wie Anm. 48), S. 191 f. Deutsche Übersetzung: Bünz (wie Anm. 15), S. 65.
71 Schmugge, Deutsche Pilger (wie Anm. 22), S. 106.
72 Deutsche Übersetzung: H. Gmelin (Hrsg.), Dante Alighieri, Die Göttliche Komödie, Stuttgart 1972, S. 70. Dazu Frugoni, Il Giubileo (wie Anm. 15), S. 132; Schmugge, Pilgerverkehr (wie Anm. 22), S. 75.
73 R. Davidsohn, Geschichte von Florenz, 4 Bde., Berlin 1896–1927 (ND Osnabrück 1969), hier: Bd. III, S. 89, Anm. 6.

Wir verlassen mit diesen wenigen Zeugnissen Rom und das Heilige Jahr 1300, wo zu St. Peter an jedem Freitag und an jedem Feiertag das Schweißtuch der Heiligen Veronika, eine der kostbarsten Reliquien der Basilika, gezeigt wurde[74], wo wahrscheinlich damals schon Devotionalienhändler die beliebten Metallabzeichen mit dem Antlitz Christi verkauften[75], wo die Pilger selbst ihre Lebensmittel mitbrachten, um dem Mangel und der Teuerung zu entgehen[76], und die Waller, wollten sie den vollkommenen Ablaß erlangen, noch den anstrengenden Marsch hinaus zu der etwa sechs bis sieben Kilometer von St. Peter entfernten Pauls-Basilika zu bewältigen hatten[77], um noch – wesentlich kürzer und in wenigen ausgewählten Beispielen – zu der frömmigkeits- und mentalitätsgeschichtlichen Fundierung dieses Laufens nach Rom um Gnade und Erlösung im Hinblick auf das Weltende im persönlichen Bußwerk des Ablasses zu kommen: zu den chiliastischen Vorhersageversuchen für jene allein von Gott bestimmte Zeit sowie den realen beziehungsweise imaginierten ‚Endkaisern'.

III.

Im Winter 1190/91 begegnete der englische König Richard Löwenherz auf dem Weg zum 3. Kreuzzug in Messina dem Abt Joachim von Fiore[78]. Der Zisterzienser Joachim, um 1135 im kalabresischen Celico geboren, hatte 1188 seine Abtswürde im Kloster Corazzo in Kalabrien aufgegeben und lebte seitdem mit päpstlicher Erlaubnis zurückgezogen im Silagebirge, um sich seinen hermeneutischen Schriften zu widmen. Den Hergang des Treffens zwischen dem königlichen Waller und dem gelehrten Eremiten hat Roger von Hoveden, ein englischer Geistlicher, überliefert. Es ging um die neugierigen, auch besorgten Fragen des Königs an Joachim von Fiore wegen dessen eigenartigen, gegen die kanonischen Vorstellungen von der Apokalypse gerichteten Lehren. Roger von Hoveden schreibt in seiner Chronik über den Zisterzienser: „Er besaß den Geist der

---

74 M. Maccarrone, L'indulgenza del giubileo del 1300 e la Basilica di san Pietro, in: Romanini (wie Anm. 15), S. 731–752.
75 A. Esch, Im Heiligen Jahr am römischen Zoll, in: J. Helmrath, H. Müller (Hrsg.), Studien zum 15. Jahrhundert. Festschrift für Erich Meuthen, 2 Bde., München 1994, hier: Bd. II, S. 869–901. Bildmaterial bietet: K. Köster, Mittelalterliche Pilgerzeichen, in: L. Kriss-Rettenbeck, G. Möhler (Hrsg.), Wallfahrt kennt keine Grenzen. Themen zu einer Ausstellung des Bayerischen Nationalmuseums und des Adalbert Stifter Vereins (München), München, Zürich 1984, S. 203–223.
76 Quattrocchi (wie Anm. 44), S. 303; Schmidt, Jubeljahr (wie Anm. 44), S. 410.
77 Jung-Inglessis (wie Anm. 15), S. 59–97.
78 Zu Joachim von Fiore z.B.: H. Grundmann, Studien über Joachim von Floris, Leipzig, Berlin 1927; ders., Neue Forschungen über Joachim von Fiore, Marburg 1950; M. Reeves, Joachim of Fiore and the Prophetic Future, London 1976 (ND Stroud 1999); H. Mottu, La manifestation de l'Esprit selon Joachim de Fiore, Paris 1977; D.C. West, S. Zimdars-Swartz, Joachim of Fiore. A Study in Spiritual Perception and History, Bloomington 1983.

Prophetie und sagte dem Volk die Zukunft voraus."[79] Was war das nun für eine Zukunft? Wir haben nicht die Zeit König Richards, um uns die hochkomplexe, teilweise auch unsere logischen Kategorien konterkarierende Theorie Joachims über das Ende der Welt zu vergegenwärtigen. Ich will nur einige Grundstrukturen konturieren.

Das Werk des Joachim von Fiore ist nach drei Grundprinzipien geformt[80]. Der Wurzelgrund ist die „Neugier des Volkes", die Joachim wie alle seine Zeitgenossen zur Spekulation anstachelte. Der Zisterzienser schlug alle evangelischen Warnungen in den Wind, die erklären – wir wissen es –, daß es uns nicht gegeben sei, den Tag und die Stunde der zukünftigen Ereignisse, die das Weltende ankündigen, zu kennen.

„Das zweite Prinzip seines Vorgehens", so urteilt Georges Minois, „ist das modernste: Es handelt sich um eine Reflexion über die Geschichte der Kirche."[81] Die gängigen Lehren unterteilten die Geschichte der Welt seit ihrer biblischen Erschaffung in drei beziehungsweise sechs Zeitalter. Ich erwähnte dies schon. Der Heilige Augustinus zum Beispiel hat sechs Menschheitsalter unterschieden, wobei die Ankunft Christi den fünften Zyklus der Zeit beschloß. Doch seitdem waren zwölf Jahrhunderte vergangen. Für Joachim von Fiore und viele seiner Zeitgenossen um 1200 hatte sich diese Zeit in übermäßiger, unerträglicher Weise ausgeweitet. Warum diese Verzögerung? Joachim zog daraus den Schluß, die Einteilung des Heiligen Augustinus müsse geändert werden.

Das dritte Prinzip ist klassischer, es ist, so könnte man sagen, typisch mittelalterlich. Als Kind des ausgehenden 12. Jahrhunderts suchte Joachim die Erklärung des Geheimnisses der unbestimmten Zeit in den biblischen, besonders in den apokalyptischen Zahlen und Symbolen. Er erarbeitete aus allem, was als Vorzeichen gelten konnte, sozusagen einen Kalender der kommenden Etappen.

Das Ergebnis des gelehrten Suchens und der dieses Streben begleitenden Meditationen war ein höchst komplexes System. Es läßt sich aber – und eben dies prägten sich die Zeitgenossen nur ein – in einem Datum zusammenfassen: 1260 – das Jahr des Endes, wenn nicht des Endes der Welt an sich, so zumindest einer Welt oder eines Zeitalters.

---

79 „In illo tempore erat quidam abbas in Calabria de ordine Cisterciensi, dictus Joachim abbas de Curacio, spiritum habens propheticum, ventura populo praedicebat. Rex autem Angliae libenter illius audiebat prophetias et sapientiam et doctrinam. Eruditus enim erat in Divinis scripturis, et interpretabatur visiones beati Johannis Evangelistae quas vidit, sicut ipse narrat in Apocalypsi, quam ipse manu sua scripsit; in quibus audiendis rex et sui plurimum delectabantur": W. Stubbs (Hrsg.), Benedict of Peterborough. The Chronicle of the Reigns of Henry II and Richard I, A.D. 1169–1192: Gesta regis Ricardi (= Rolls Series 49, 2), London 1867, S. 72–252, hier: S. 151 (der Text wurde irrtümlich Benedikt von Peterborough zugeschrieben, stellt aber den ersten Entwurf der Chronik des Roger von Hoveden dar). Deutsche Übersetzung: Carozzi (wie Anm. 9), S. 120.

80 Dazu die Zusammenfassung von: L. de Lubac, Joachim de Flore, in: Exégèse médiévale, Tl. 2, I, Paris 1961, S. 437–559; Minois (wie Anm. 9), S. 254–258.

81 Zitat: Minois (wie Anm. 9), S. 254. Zur Originalität Joachims bei der Unterteilung über die Geschichte der Kirche: H. de Lubac, La postérité spirituelle de Joachim de Fiore, I: De Joachim à Schelling, Paris 1979, S. 19–42.

Alle Bemühungen der Kirchenmänner seit Hippolyt am Beginn des 3. Jahrhunderts, das Ende möglichst weit hinauszuschieben, waren damit zunichte gemacht. Das Ende rückte bedrohlich heran.

Für Abt Joachim war die Heilige Schrift wie ein großes zu entzifferndes Rätsel. In diesem Zahlen- und Symbolenspiel der Bibel[82] glaubte er drei aufeinanderfolgende Zeitalter des Heils unterscheiden zu können, die jeweils im Zeichen einer Wesenheit des dreifaltigen Gottes standen. Das Zeitalter des Vaters entsprach dem Alten Testament, das des Sohnes hob mit der durch das Neue Testament eingeleiteten Ära an. Und das dritte Zeitalter? Das firmierte unter der Ägide des Heiligen Geistes und sollte mit dem Jahr 1260 anbrechen. Dieser dritte Zustand, der am Ende der Welt kommen wird, war nach Joachim nicht mehr unter dem Schleier des Buchstabens (des Gesetzes) verborgen, es sollte vielmehr in der völligen Freiheit des Geistes (des Evangeliums) stehen. Der Übergang vom Gesetz zum Evangelium ermöglichte, das war die Überzeugung Joachims, den Zugang zu einer höheren Form sowohl der Erkenntnis als auch des Lebens. Der gelehrte Prophet verkündete: Das Zeitalter des Heiligen Geistes wird eine Periode der Ruhe, des Friedens und der Kontemplation in einer höheren Form des Mönchtums sein: das so oft angekündigte, herbeizitierte Millennium.

Danach beschreitet die Lehre Joachims sozusagen die klassischen Bahnen. Nach den tausend Friedensjahren wird ein zweiter Antichrist sein Heer versammeln. Diese Streitmacht wird sich über den Orient und den Okzident ergießen. Die Scharen des Antichrists werden besiegt werden und zusammen mit dem Teufel in einem See aus Feuer und Schwefel versinken. Dann endlich – das Jüngste Gericht wird anbrechen und das ewige Jahrhundert heraufdämmern.

Für unseren Zusammenhang ist es wichtig, wie sich Joachim von Fiore den Übergang von der zweiten zur dritten Etappe im Jahre 1260 vorstellte. Er arbeitete, um seine Vorhersagen abzusichern, mit komplexen Vergleichen und Analogien, die uns nicht zu interessieren brauchen. Jedenfalls – bald, so der Abt, komme ein großer König, der die Muslime, die das Heilige Land beherrschen, besiegen und das christliche Priestertum erhöhen wird. Dieser König wird in der Menschheit die Liebe des Geistes erwecken und einen neuen religiösen Orden stiften. Zwölf Patriarchen werden aus jener Gemeinschaft hervorgehen und die Juden bekehren. Das Ende des zweiten Zeitalters wird dann dreieinhalb Jahre von der Ankunft des Antichrists geprägt sein. Er, der Antichrist, das ist die Überzeugung Joachims, werde die sichtbare Kirche vernichten, dann aber selbst zugrunde gehen. Danach wird der Prophet Elias wiederkehren. Und mit seiner Wiederkunft wird endlich das dritte Zeitalter des Heiligen Geistes, des „ewigen Evangeliums", anbrechen.

Wie war diese Vorstellung von der Linearität der Geschichte als Trägerin einer Fortschrittsidee, wie war die Rede vom „ewigen Evangelium", das sich vom Evangelium

---

82 M. Reeves, B. Hirsch-Reich, The ‚Figurae' of John of Fiore, Oxford 1972.

Jesu Christi unterscheidet, wie war endlich die von Joachim vorausgesehene Zerstörung der sichtbaren Kirche mit der von den kirchlichen Autoritäten proklamierten Fortsetzung ihres Werkes bis zum Ende der Zeiten zu vereinbaren? Um 1200 fanden Joachim und sein 1190 gegründeter Orden der Florenser überraschenderweise die Billigung des Papsttums. Selbst Papst Innozenz III., sonst in Fragen der Häresie von unerschütterlicher Strenge[83], sprach dem 1202 gestorbenen Joachim sein Lob aus. Papst Honorius III. erklärte ihn zum „Jünger des heiligen orthodoxen Glaubens", und Gregor IX. verglich den Florenser Orden sogar mit einer der vier Säulen der Kirche[84]. Überhaupt verbreitete sich das joachimitische Denksystem rasch in der ganzen Christenheit. Nach dem Franziskaner Alexander von Bremen war der Joachimitismus seit 1217 auch in Deutschland bekannt[85].

Als freilich der ‚spirituale' Flügel der Franziskaner Joachim und seine Lehre für sich vereinnahmte, setzten die energischen Reaktionen der Catholitas ein[86]. Die Spiritualen, die extreme Faktion des Franzikanerordens, lehnten jeden Kompromiß ab, kritisierten scharf den Reichtum der Kirche und kündigten die künftige Zerstörung der Kirche zugunsten einer freien und spirituellen neuen Religion ohne Hierarchie an. 1259 wurde die Lehre Joachims verboten, kirchliches Gesetz sollte das Jahr 1260 und seine Vorhersagen verhindern. Doch wie so häufig – der kirchliche Bannstrahl ging zunächst weitgehend ins Leere.

Im Jahre 1260, dem Schicksalsjahr, nämlich legten, wie die Chronisten berichten, viele Menschen die Arbeit nieder. Sie warteten – furchtsam, angsterfüllt, im Gebet zerknirscht, verschenkten ihre Habe an die Armen. Wie würde sich der Anbruch des Reiches des Heiligen Geistes ankündigen? Die Monate vergingen und mit ihnen wuchs die Spannung. Jakob von Voragine verfaßte die ‚Legenda aurea' mit ihren Wundergeschichten der Heiligen, mit ihren unterschiedslos akzeptierten Prophezeiungen, die gleichsam magische Ornamente darstellen, vergleichbar dem Bühnenzauber der Märchen[87]. Am 4. September errang der Ghibelline Farinata degli Uberti aus Siena, Anhänger Manfreds,

---

83 Dazu zusammenfassend: M.D. LAMBERT, Ketzerei im Mittelalter. Häresien von Bogumil bis Hus, München 1981, S. 97–104 u. 108–189; W. STÜRNER, Friedrich II., Bd. I: Die Königsherrschaft in Sizilien und Deutschland 1194–1220; Bd. II: Der Kaiser 1220–1250, Darmstadt 1992–2000, hier: Bd. I, S. 69–73.
84 REEVES, Joachim of Fiore (wie Anm. 78), S. 26; MINOIS (wie Anm. 9), S. 259.
85 M.W. BLOOMFIELD/M. REEVES, The Penetration of Joachimism into Northern Europe, in: Speculum 29 (1954), S. 772–793.
86 REEVES, Joachim of Fiore (wie Anm. 78), S. 29–58; F. EHRLE, Die Spiritualen, ihr Verhältnis zum Fransiscanerorden und zu den Fraticellen, in: Archiv f. Lit.- u. Kirchengesch. d. Mittelalters 4 (1888), S. 1–190; R. MANSELLI, Spirituali e Beghini in Provenza, Rom 1959; C. SCHMITT, Un Pape réformateur et un défenseur de l'unité de l'Église: Bénoit XII et l'Ordre des frères mineurs 1334–1342, Quaracchi u.a. 1959; Franciscains d'Oc. Les Spiratuels ca. 1280–1324 (= Cahiers de Fanjeaux 10), Toulouse 1975; LAMBERT (wie Anm. 83), S. 291–299.
87 Die Legenda Aurea des Jacobus de Voragine, übers. v. R. BENZ, 13. Aufl., Gütersloh 1999.

des unehelichen Sohnes Kaiser Friedrichs II., vor Montaperti einen Sieg über die Guelfen, die Anhänger des Papstes[88]. War das schon das Zeichen für die bevorstehende Zerstörung der sichtbaren Kirche? Im November, das Jahr 1260 neigte sich unaufhaltsam seinem Ende entgegen, vereinigten sich schwärmerische Geister, vom langen Warten unter dem Verhängnis der Apokalypse zermürbt, zu Gruppen[89]. In Identifikation mit dem leidenden Christus zogen sie als Flagellanten in Italien und Deutschland umher mit der Botschaft auf den geschundenen Lippen, daß ein von Gott gesandter Brief auf dem Altar der Grabeskirche zu Jerusalem gefunden worden sei. Darin verkünde Gott seinen Zorn über die sündige Menschheit. Beschlossen habe er, alle Menschen zu vernichten. Doch, so die tröstliche Botschaft der Flagellanten, die heilige Jungfrau Maria habe einen letzten Aufschub unter der Bedingung erwirkt, daß die Gläubigen ihr Verhalten ändern und Buße tun. Und sie, die Flagellanten, hätten beschlossen, ihre Bußprozessionen in Erinnerung an die Zahl der Jahre, die Christus auf Erden zubrachte, jeweils 33,5 Tage lang abzuhalten. Alle Geistlichen, die diese Botschaft nicht verkündeten, seien der ewigen Verdammnis preisgegeben.

So verging das Jahr 1260 und nichts geschah. Die durch die Joachimiten angestoßenen orgiastischen Bewegungen der Chiliasten blieben indes weiter lebenskräftig. Die Menschen zum Beispiel, die seit 1272 in Mailand der Predigt einer gewissen Guglielma lauschten, sahen in ihr eine Inkarnation des Heiligen Geistes[90]. Guglielma sollte angeblich aus Böhmen stammen, vielleicht, so raunte man, sei sie sogar die Tochter des Königs von Böhmen. Auch soll sie wie Franz von Assisi mit den Wundmalen Christi stigmatisiert gewesen sein. Guglielma, die Wiedergeburt des Heiligen Geistes, wurde nach ihrem Tod 1281 im Zisterzienserkloster Chiaravalle bei Mailand beerdigt. In ihre Fußstapfen trat Mayfreda, eine Schülerin der Guglielma und zugleich eine Cousine Matteo Viscontis, des Capitano del Popolo von Mailand. Um das Grab der Guglielma entstand ein Kult. Man erwartete ihre Auferstehung und Himmelfahrt, und Mayfreda, ihre Stellvertreterin auf Erden, sollte Papst werden. Als Mayfreda zu Pfingsten des Jahres 1300, mithin im Heiligen Jahr mit seinen ganzen Erregungen, eine Messe mit päpstlichem Gepränge feierte, traten die Inquisitoren in Aktion. Die Scheiterhaufen brannten 1300 nicht nur für Mayfreda und ihre Anhängerinnen, sondern auch für den Wanderprediger Gerardo

---

88 F. CARDINI, Art. Uberti, Farinata degli, in: Lexikon des Mittelalters, Bd. VIII, München 1997, Sp. 1168.
89 R. MANSELLI, Il 1260, anno gioachimita?, in: Il movimento dei disciplinati nel settimo centenario del suo inizio, Perugia 1962, S. 99–108; A. FRUGONI, Sui flagellanti del 1260, in: DERS., Incontri del Medioevo, Bologna 1979, S. 179–202; G. DICKSON, The Flagellants of 1260 and the Crusades, in: Journal of Medieval History 15 (1989), S. 227–267; N. BULST, Art. Flagellanten, II. Gebiete nördlich der Alpen, in: Lexikon des Mittelalters, Bd. IV, München, Zürich 1989, Sp. 510.
90 H.C. LEA, Geschichte der Inquisition im Mittelalter, 3 Bde., Bonn 1905–1913, hier: Bd. III, S. 102–115; M. REEVES, The Influence of Prophecy in the Later Middle Ages. A Study in Joachimism, Oxford 1969, S. 248–250; CAROZZI (wie Anm. 9), S. 136.

Segarelli aus Parma. Segarelli, nach den Worten des franziskanischen Chronisten Salimbene von Parma „ein Laie, ungebildet, beschränkt und dumm", hatte eine Gruppe von Schülern gebildet, die sich „Apostoliker" nannten[91]. Die Geschichte der Apostoliker war mit dem Tod ihres Anführers nicht ausgetilgt worden[92]. Wie im Fall von Guglielma gewann die Bewegung erst nach dem Tod des Gründers ihre wahre Bedeutung. Ein Laie, ein gewisser Fra Dolcino, stellte sich an die Spitze der Gemeinschaft, die wenige Jahre später 1306 vor Valseria ebenfalls der Inquisition zum Opfer fiel. Fra Dolcino selbst wurde 1307 hingerichtet[93]. Bernard Gui, der berüchtigte Inquisitor von Toulouse, hat den Inhalt dreier Briefe zusammengefaßt und überliefert, die Fra Dolcino 1300 beziehungsweise 1303 an seine Schüler geschrieben hatte[94]. Er, Dolcino, heißt es in diesen Texten „von prophetischem Gehalt"[95], sei von Gott bestimmt und ausgewählt worden, den wahren Sinn der Heiligen Schriften zu offenbaren[96]. Die Geistlichen seien die Diener des Teufels. Bald würden diese Feinde des wahren Glaubens vernichtet, die Kirchenoberen, allen voran Papst Bonifaz VIII., ausgetilgt und verbrannt werden. Das Schwert Gottes, das der Kirche den Untergang bereiten werde, sollte von einem wieder inthronisierten Kaiser und seinen Königen geführt werden. Dieser Kaiser „werde Friedrich sein, der König von Sizilien, Sohn des verstorbenen Königs Peter von Aragón". Nach diesem Massaker „werde dann ein einziger heiliger Papst sein, durch ein Wunder von Gott geschickt und auserwählt und nicht von den Kardinälen [...]. Besagter Friedrich, König von Sizilien und Sohn Königs Peter von Aragón, zum Kaiser gekürt, und jener heilige Papst, der auf Bonifatius folgen wird, sobald dieser vom Kaiser getötet sein wird, und auch die vom Kaiser ernannten neuen Könige werden bleiben bis zum Antichrist, der in jenen Tagen erscheinen und regieren wird"[97].

91 O. HOLDER-EGGER (Hrsg.), Cronica fratris Salimbene de Adam (= MGH SS 32), Hannover, Leipzig 1905–1913, S. 256. Dazu LEA (wie Anm. 90), III, S. 116–124; R. ORIOLI, „Venit perfidus heresiarcha". Il movimento apostolico-dolciniano dal 1260 al 1307, Rom 1988, L. MURARO, Vilemina und Mayfreda. Die Geschichte einer feministischen Häresie, Freiburg/Br. 1987.
92 Der Inquisitor Bernard Gui charakterisierte die ‚Apostoliker' als Leute, „qui viverent sub nullius obedientia nisi solius dei, sicut primi apostoli domini Ihesu Christi" (die außerhalb jeder Gehorsamspflicht leben, sich nur auf Gott berufen wie die ersten Apostel auf Jesus Christus, den Herrn): A. SEGARIZZI (Hrsg.), Bernard Gui, De secta illorum qui se dicunt de Ordine Apostolorum (= Rerum Italicarum Scriptores IX, 5), Città di Castello 1907, S. 15–36, hier: S. 17. Dazu LEA (wie Anm. 90), III, S. 124–140.
93 R. ORIOLI, Art. Dolcino, Fra, v. Novara, in: Lexikon des Mittelalters, Bd. III, München 1986, Sp. 1171–1172; DERS., Fra Dolcino. Nascita, vita e morte di un' eresia medievale, 3. Aufl., Novara 1988; REEVES, The Influence (wie Anm. 90), S. 245 f.
94 SEGARIZZI (wie Anm. 92), S. 19–23.
95 CAROZZI (wie Anm. 9), S. 137.
96 SEGARIZZI (wie Anm. 92), S. 20. Dazu LEA (wie Anm. 90), III, S. 126 f.
97 „[...] et tunc erit unus papa sanctus a deo missus mirabiliter et electus, et non a cardinalibus [...]. Et predictus Fredericus rex Cicilie, filius Petri regis Aragonum, imperator relevatus, et ille papa sanctus post Bonifacium occisum per imperatorem, et reges illi novi facti per imperatorem relevatum permanebunt usque ad Anti-Christum qui in diebus illis apparebit et regnabit": SEGARIZZI (wie Anm. 92), S. 21 f.

Der ‚letzte Kaiser'[98]: Die Vorstellungen vom ‚letzten Kaiser', wie man sie noch 1741 nach dem Tod des Habsburgers Karl VI. und des Übergangs des Kaisertums auf den Wittelsbacher Karl VII. im Hausbuch Johann Jakob Biebingers, eines pfälzischen Bauern, finden kann[99], waren schon während des 10. Jahrhunderts in Adsos apokalyptischem System ausgeprägt worden. Auch Joachim von Fiore hatte sie, wie wir hörten, in seine Lehre eingefügt, obwohl er explizit nie von einem Endkaiser sprach. Wirkungsmächtig war die Lehre vom letzten Kaisertum 1095/96 mit dem Beginn der Kreuzzüge in die Geschichte getreten. In der Umgebung des Kreuzzugseiferers Peter des Eremiten gab es Prophezeiungen, nach denen Karl der Große auferstehen (oder aus seinem Schlaf erwachen) und sich an die Spitze des Kreuzzuges stellen werde[100]. Doch in die Rolle des Auserwählten schlüpften auch höchst lebendige Fürsten. Am Ende des 11. Jahrhunderts bezeichnete sich Graf Emicho von Leiningen, einer der Initiatoren der fürchterlichen Judenpogrome in den rheinischen Städten[101], selbst als der erwartete letzte Kaiser, und zu Beginn des 13. Jahrhunderts umgab sich Kaiser Friedrich II. mit dieser mythischen Aura[102]. Überhaupt wurde Friedrich II. in seiner von Endzeiterwartungen hoch aufgeladenen Zeit zur Kristallisationsfigur: zum letzten Kaiser aller derjenigen, die für den Staufer Partei ergriffen, zum Antichrist für alle, die ihn haßten.

Die gelehrte Umgebung des Staufer-Kaisers hatte den Boden dafür bereitet. Schon 1194 bei der Geburt des Knaben gab es am Hof des Vaters, Kaiser Heinrich VI., hymnische Preisungen Friedrichs als Schöpfer eines goldenen Zeitalters und die Zeiten erfüllender Herrscher über den Erdkreis[103]. Vollends der Kreuzzug, der den vom Papst gebannten Kaiser Friedrich II. 1228 friedlich in Jerusalem einziehen sah, gab der Vorstellung

---

98 Eine breite Untersuchung der mittelalterlichen Vorstellungen bietet: MÖHRING, Weltkaiser (wie Anm. 10). Kurze Zusammenfassungen z.B. bei: REEVES, Joachim of Fiore (wie Anm. 78), S. 59–82; MINOIS (wie Anm. 9), S. 236–238.
99 G. FOUQUET unter Mitarb. v. M. RENNER (Hrsg.), Die Hausbücher von Johann Jacob und Johann Conrad Biebinger (1736–1808), (Siegen) 1990 (Masch.), S. 22. Dazu G. FOUQUET, Die Hausbücher des Johann Jacob und seines Sohnes Johann Conrad Biebinger aus dem pfälzischen Mutterstadt (1736–1808), in: Forschungen zu Bäuerl. Schreibebüchern/Research on Peasant Diaries. Mitteilungen 15 (1998), S. 11–21.
100 E.O. BLAKE, C. MORRIS, A Hermit goes to War: Peter and the Origins of the First Crusade, in: W.J. SHEILS (Hrsg.), Monks, Hermits and the Ascetic Tradition (= Studies in Church History 22), Oxford 1985, S. 79–107; P.J. COLE, The Preaching of the Crusades to the Holy Land, 1095–1270, Cambridge/Mass. 1991, S. 33–36.
101 MAYER (wie Anm. 22), S. 42 f.; H. MÖHRING, Graf Emicho und die Judenverfolgungen von 1096, in: Rhein. Vjbll. 56 (1992), S. 97–111.
102 Dazu u. zusammenfassend zuletzt: MÖHRING, Weltkaiser (wie Anm. 10), S. 209–223.
103 Der kampanische Kleriker Petrus de Ebulo charakterisierte Friedrich in seinem panegyrischen ‚Liber ad honorem Augusti' mit solch hymnischen Preisungen: T. KÖLZER, M. STÄHLI (Hrsg.), Petrus de Ebulo, Liber ad honorem Augusti sive de rebus Siculis. Codex 120 II der Burgerbibliothek Bern. Eine Bilderchronik der Stauferzeit, Sigmaringen 1994, S. 205, vv. 1377–1382. Dazu STÜRNER (wie Anm. 83), I, S. 41–57.

einer besonderen göttlichen Bestimmung des Staufers Raum. Vor Friedrich II. hatte sich noch kein mittelalterlicher Kaiser in Jerusalem die Krone Davids aufs Haupt gesetzt. Jene Prophezeiungen schienen sich also zu bewahrheiten: Ein Endkaiser werde in der heiligen Stadt die Zeiten erfüllen. Bei der siegreichen Heimkehr vom Kreuzzug im Sommer 1229 ließ sich Friedrich II. denn auch als Vollstrecker göttlicher Vorsehung und über alle Menschen erhabener Weltenherrscher aus dem staufischen Endkaisergeschlecht preisen, das bis zum Jüngsten Gericht herrschen werde[104].

Der dauernde Konflikt zwischen Friedrich II. und dem Papsttum eskalierte ab 1239; dem erneuten Kirchenbann folgte 1245 die Absetzung des Kaisers durch Innozenz IV. Ungeheuer aufgewühlt wurden die Zeitgenossen noch durch den Einfall der Mongolen nach Schlesien und Ungarn im Jahre 1241. Die Mongolen oder Tartaren wurden als die apokalyptischen Völker Gog und Magog gedeutet[105]. Eine ‚Propagandaschlacht' um die Meinung des Abendlandes setzte ein, wie sie die mittelalterliche Welt bis dahin noch nicht gekannt hatte[106]. Man hat die Auseinandersetzungen zum ‚Endkampf' zwischen Papsttum und Kaisertum stilisiert[107]. Die beiden Schwerter der Christenheit ließen sich in Manifesten und Flugschriften gegenseitig als apokalyptische Schreckensgestalten diffamieren. Für die Feinde des Kaisers wie Kardinal Rainer von Viterbo war Friedrich II. in diesem Sinne der „Verwandler der Welt", die Inkarnation des Antichrists[108]. Ein pseudo-joachimitischer Kommentar zum Buch ‚Jeremia' aus den Jahren nach 1240 prophezeite für 1260 die Zerstörung der Kirche durch Friedrich II., der als Tier der Offenbarung bezeichnet wurde[109]. In diesen Jahren steigerte sich auch die Selbstvergottung des Staufers in maßlosen Joachimitismus: Die Gelehrten des kaiserlichen Hofes betonten die Priestergleichheit des als „sanctus" überhöhten Herrschers, stellten seine Christus-Ähnlichkeit heraus[110]. Friedrich selbst stieg 1239, wie Rainer von Viterbo berichtet, zu einer

---

104 STÜRNER (wie Anm. 83), II, S. 158–163 (insbesondere die kaiserliche Jerusalem-Enzyklika) u. S. 174–178 (die Preisrede des Nikolaus auf den Staufer).
105 J. FRIED, Auf der Suche nach der Wirklichkeit. Die Mongolen und die europäische Erfahrungswissenschaft im 13. Jahrhundert, in: HZ 243 (1986), S. 287–332; F. SCHMIEDER, Europa und die Fremden. Die Mongolen im Urteil des Abendlandes vom 13. bis in das 15. Jahrhundert, Sigmaringen 1994, S. 73–151.
106 STÜRNER (wie Anm. 83), II, S. 470–480.
107 E. KANTOROWICZ, Kaiser Friedrich der Zweite, 2 Bde., Berlin 1927–1931; 3. Aufl., Stuttgart 1987, hier: Bd. I, S. 552.
108 Das Sendschreiben Papst Innozenz' IV., verfaßt von Kardinal Rainer von Viterbo 1239 Mai/Juli: „Ascendit de mari bestia blasphemie plena nominibus" (in der Ausfertigung für den Erzbischof von Reims), in: C. RODENBERG (Hrsg.), Epistolae saeculi XIII e regestis pontificum Romanorum (= MGH Epp. saec. XIII 1), Berlin 1883, S. 646–654. Dazu H.M. SCHALLER, Endzeit-Erwartung und Antichrist-Vorstellungen in der Politik des 13. Jahrhunderts (1972), in: DERS., Stauferzeit. Ausgewählte Aufsätze (= MGH Schriften 38), Hannover 1993, S. 25–52; STÜRNER (wie Anm. 83), II, S. 473.
109 REEVES, The Influence (wie Anm. 90), S. 150–157; MÖHRING, Weltkaiser (wie Anm. 10), S. 217 f.
110 Vgl. z.B. J.-L.-A. HUILLARD-BRÉHOLLES (Hrsg.), Historia diplomatica Friderici secundi sive Constitutiones, privilegia, mandata, instrumenta quae supersunt istius imperatoris et filiorum eius. Accedent epistolae paparum et documenta varia, 6 Bde., Paris 1852–1861 (ND Turin 1963), hier:

Predigt auf die Kanzel, ließ sich ein Kreuz vorantragen und spendete der Menge mit der rechten Hand den Segen[111]. Das bloße Erscheinen des Herrschers im Land hat man als Erlösung gedeutet. Die Begleitmusik zu diesem apokalyptischen Endzeitszenario lieferte die drakonische staufische Kirchenpolitik: Friedrich II. ließ den Kirchenstaat besetzen, die Bettelorden vertreiben, die Teilnehmer eines für 1241 einberufenen Konzils abfangen und inhaftieren. Aus dem bewunderten „Staunen der Welt" war ihr „Hammer" geworden, Friedrich wurde als messianischer Endkaiser gefeiert und als satanischer Antichrist verdammt[112].

Der unerwartete Tod Friedrichs II. im Dezember 1250 und damit zehn Jahre vor dem prophezeiten Endjahr 1260 stürzte die Zeitgenossen in Verwirrung und Ratlosigkeit. Man war nicht bereit zu akzeptieren, was den tradierten Vorstellungen widersprach. Schon bald verbreitete sich in Italien und Deutschland das Gerücht, daß Friedrich II. nicht tot sei, sondern im Verborgenen lebe und wiederkommen werde. In einem Spruch des antiken Orakels der sogenannten erythräischen Sibylle sah man das Schicksal Friedrichs offenbart: „In einem verborgenen Tod wird er [Friedrich II., G. F.] die Augen schließen und weiterleben; tönen wird es unter den Völkern: Vivit et non vivit (Er lebt und lebt nicht); denn eines von den Jungen und den Jungen der Jungen wird überleben."[113]

Überall in Europa entstand Geraune um Tod und Weiterleben Friedrichs II. Um 1260 berichtete beispielsweise Thomas von Eccleston aus Sizilien, ein Franziskaner habe den Kaiser mit einem Heer feuriger Ritter in den Ätna reiten sehen. Der Ätna war nach sizilischer Sagentradition sowohl das Tor zur Hölle als auch der Sitz der Helden[114]. Der Wiener Jans Enikel wies noch um 1280 in seiner vielgelesenen Reimchronik darauf hin,

Bd. V, S. 348–351 (wohl Juli 1239) u. S. 309–312 (wohl Juni 1240); MÖHRING, Weltkaiser (wie Anm. 10), S. 210 f.
111 E. WINKELMANN (Hrsg.), Acta imperii inedita seculi XIII. et XIV. Urkunden und Briefe zur Geschichte des Kaiserreichs und des Königreichs Sicilien, 2 Bde., Innsbruck 1880–1885 (ND Aalen 1964), hier: Bd. I, S. 568–570, Nr. 723. Dazu F. GRAEFE, Die Publizistik in der letzten Epoche Kaiser Friedrichs II. Ein Beitrag zur Geschichte der Jahre 1239–1250 (= Heidelberger Abh. z. mittl. u. neueren Gesch. 24), Heidelberg 1909, S. 119–128.
112 Zum „Staunen der Welt": H.R. LUARD (Hrsg.), Matthaeus Parisiensis. Chronica maiora, 7 Bde. (= Rerum Britannicarum medii aevi SS 57, 1–7), London 1872–1883, hier: Bd. 57, 5, S. 190. Zum „Hammer der Welt": O. HOLDER-EGGER, Italienische Prophetien des 13. Jahrhunderts II, in: Neues Archiv 30 (1905), S. 321–386, hier: S. 358–366 („Futura presagia Lombardie, Tuscie, Romagnole et aliarum partium per magistrum Michaelem Scotum declarata"). Dazu MÖHRING, Weltkaiser (wie Anm. 10), S. 218.
113 O. HOLDER-EGGER, Italienische Prophetien des 13. Jahrhunderts I, in: Neues Archiv 15 (1890), S. 141–178, hier: S. 166–170 („Vaticinium Sibyllae Erithreae"). Dazu MÖHRING, Weltkaiser (wie Anm. 10), S. 240.
114 A.G. LITTLE (Hrsg.), Thomas of Eccleston. Tractatus de adventu Fratrum Minorum in Angliam, 2. Aufl., Manchester 1951, S. 96. Dazu F. SCHNEIDER, Kaiser Friedrich II. und seine Bedeutung für das Elsaß (1930), in: DERS., Ausgewählte Aufsätze zur Geschichte und Diplomatik des Mittelalters, Aalen 1974, S. 431–458, hier: S. 455–458. Kritisch: MÖHRING, Weltkaiser (wie Anm. 10), S. 224 f.

daß in Italien niemand so genau wisse, ob Friedrich II. wirklich gestorben sei – „er leb noch in der werlt wît" – oder noch im Verborgenen lebe, um als Herrscher der Endzeit wieder zu erscheinen[115].

In die verzweifelte Haltung des Wartens auf die Wiederkunft des Kaisers mischten sich auch die fleischlichen Wiedergänger Friedrichs[116]. Noch die letzten Vertreter des aussterbenden staufischen Geschlechts, insbesondere die Namensvettern des Kaisers, feierte man als ‚neue Friedriche'. Im Süden Italiens galt, wie wir schon hörten, König Friedrich III. von Sizilien, ein Urenkel des Kaisers, um 1300 als der sehnsüchtig erwartete „dritte" Friedrich.[117] In Deutschland war es zur gleichen Zeit der Sohn der Kaisertochter Margarete, der Wettiner Friedrich der Freidige, Landgraf von Thüringen, auf dem die vergeblichen Hoffnungen der kaisertreuen Ghibellinen ruhten[118]. Neben diesen ‚echten' schossen ‚falsche' Friedriche wie Pilze aus dem Boden[119]. Hochstapler, Betrüger traten im Gewand Friedrichs II. auf: in Sizilien 1260, in Köln, Neuss und Wetzlar 1283–1285 der berühmte Tile Kolup, im Elsaß 1284, in Gent und Utrecht 1285, in Lübeck 1284 und 1287, in Esslingen 1295.

Alle diese Wiedergänger Friedrichs II. stießen vor allem beim einfachen, sehnsüchtig auf den Endkaiser wartenden gemeinen Mann auf große Resonanz, ja in der Asche des auf dem Scheiterhaufen hingerichteten Tile Kolup soll man nach der um 1305/1320 entstandenen ‚Österreichischen Reimchronik' des Ottokar von Steiermark eine kleine Bohne als Zeichen seiner Wiedergeburt gefunden haben[120]. Und seit Johannes Rothes um 1421 entstandener ‚Thüringischer Weltchronik' wissen wir doch alle, daß Friedrich II. im Kyffhäuser auf die Endzeit wartet. Freilich war der Chronist Rothe noch kritisch genug, die Geschichte als Mär, ja als Büberei zu charakterisieren, die der Teufel ersonnen habe, um „einfältige Christenleute zu verleiten"[121]. Aus dem letzten Stauferkaiser ist

---

115 P. Strauch (Hrsg.), Jansen Enikel. Werke (= MGH Deutsche Chroniken 3), Hannover/Leipzig 1900, S. 574, vv. 28945–28958. Dazu Möhring, Weltkaiser (wie Anm. 10), S. 222.
116 Im Überblick: O. Engels, Die Staufer, 7. Aufl., Stuttgart, Berlin, Köln 1998, S. 192–202.
117 Möhring, Weltkaiser (wie Anm. 10), S. 244–247.
118 O. Dobenecker, Der Kaisertraum des Hauses Wettin, in: Festschrift A. Tille, Weimar 1930, S. 17–38, Möhring, Weltkaiser (wie Anm. 10), S. 242 f.
119 R.C. Schwinges, Verfassung und kollektives Verhalten. Zur Mentalität des Erfolges falscher Herrscher im Reich des 13. und 14. Jahrhunderts, in: F. Graus (Hrsg.), Mentalitäten im Mittelalter. Methodische und inhaltliche Probleme (= Vorträge u. Forschungen 35), Sigmaringen 1987, S. 177–202; T. Struve, Die falschen Friedriche und die Friedenssehnsucht des Volkes im späten Mittelalter, in: Fälschungen im Mittelalter. Internationaler Kongreß der MGH 1986, Bd. I (= MGH Schriften 33, 1), Hannover 1988, S. 317–337.
120 J. Seemüller (Hrsg.), Ottokars Österreichische Reimchronik (= MGH Deutsche Chroniken 5, 1), Hannover 1890–1893 (ND München 1980), S. 421–427, vv. 32182–32637 (die Bohne als Zeichen der Wiedergeburt: S. 427, vv. 32608–32624).
121 R. von Liliencron (Hrsg.), Johannes Rothe. Düringische Chronik (= Thüring. Geschichtsquellen 3), Jena 1859, S. 426. Zur Entwicklung der Kaiser-Friedrich-Sage im Spätmittelalter: Möhring, Weltkaiser

schließlich in neuzeitlicher Rezeption sein Großvater Friedrich Barbarossa geworden: „Der alte Barbarossa,/Der Kaiser Friederich,/im unterird'schen Schlosse/Hält er verzaubert sich./Er ist niemals gestorben,/Er lebt darin noch jetzt;/Er hat im Schloß verborgen/Zum Schlaf sich hingesetzt./Er hat hinabgenommen/Des Reiches Herrlichkeit,/und wird einst wiederkommen/Mit ihr, zu seiner Zeit."[122]

Doch mit Friedrich Rückerts romantischem Gedicht von 1814/15, das seitdem vielen Schülergenerationen Stoff für Memorierübungen gab, haben wir schon weit das Mittelalter und seine Endzeiten verlassen.

IV.

Es bleibt nichts mehr zu tun übrig, als zum Beginn des Vortrages, zu Martin Luther, zurückzukehren. Der schrieb in seinen derb-kräftigen, publizierten Randkommentaren zur deutschen Übersetzung der beiden Jubiläumsbullen, mit denen Papst Clemens VII. das Heilige Jahr 1525 ankündigte: „Es ist zu jeder Stunde das rechte Jubeljahr. Wir zahlen die römischen Lügen nie mehr so teuer, lieber Meister Clemens [...]. Man kennt die Wörtlein wohl. Es ist dir nicht um Seelen, sondern um Geld zu tun, lieber Papst."[123] So wurde auch das römische Jubeljahr seiner Endzeitaura im Gewand des Bußwerkes entkleidet. Die Apokalypse wurde säkular, sie trat in die Welt.

(wie Anm. 10), S. 239–268. Zur Kyffhäuser-Sage wie zur Rezeption Friedrichs II.: A. TIMM, Sagengeschichtliches vom Kyffhäuser, in: Wiss. Annalen 3 (1954), S. 1–13; F. GRAUS, Lebendige Vergangenheit. Überlieferung im Mittelalter und in den Vorstellungen vom Mittelalter, Köln, Wien 1975, S. 338–344; M. THOMSEN, „Ein feuriger Herr des Anfangs ..." Kaiser Friedrich II. in der Auffassung der Nachwelt, Phil. Diss., Kiel 2001 (Masch.).
122 A. SCHIMMEL (Hrsg.), Friedrich Rückert. Ausgewählte Werke, Bd. I, Frankfurt/M. 1988, S. 53.
123 Luthers Werke (wie Anm. 1), Bd. XVIII, Weimar 1908, S. 258. Hochdeutsche Übertragung: G. F.

„Heute noch Fin de siècle – was werden wir morgen sein?"
Die Jahrhundertwende von 1900/1901

von Michael Salewski[1]

In Berlin bestimmte mildes und trübes Regenwetter den letzten Tag des 19. Jahrhunderts. Die Temperatur begann in den Abendstunden jedoch unter den Nullpunkt zu sinken, die Mitternacht war windstill, trocken und sternenklar.

„Es schlug zwölf", erinnerte sich in München Johannes R. Becher an seine Kinderzeit, „ich wollte die Schläge mitzählen, aber schon beim ersten Schlag erhob sich ein Brausen in der Luft, daß ich mich ängstlich duckte und das Weiterzählen vergaß. Die Glocken begannen, das neue Jahrhundert einzuläuten. Die Glocken der Frauenkirche schwangen in dem großen Neujahrsgeläut dunkel und mächtig, die Balkone waren mit rufenden Menschen besetzt. Balkone schwebten rufend durch die weiße unendliche Nacht."

„Ein freundliches Stimmungsbild hatte um Mitternacht sich vor dem Rathaus auf dem Markt entwickelt", vermeldete der Bonner Generalanzeiger, „als die Uhr 12 schlug, trat die Wache der Feuerwehr draußen an [...] und präsentierte die Feueraxt, das Rathaus erstrahlte im roten Bengallichte. Ein Augenblick stummer Bewegung, und dann hallte der Platz wider von den jubelnden Heilrufen."

---

1 Dieser Vortrag basiert auf einem Aufsatz, der Folge meiner Antrittsvorlesung an der Rheinischen Friedrich-Wilhelms-Universität in Bonn am 7. November 1970 gewesen und im Archiv für Kulturgeschichte 53 (1971), S. 335–381, veröffentlicht worden ist. Es war außerordentlich reizvoll, im Abstand von dreißig Jahren gleichsam im Selbstversuch zu prüfen, wie die damalige Perzeption des Jahrhundertwechsels von 1899/1900 und die damalige Erwartung des Jahrtausendwechsels von 1999/2000 mit dem von uns und von mir tatsächlich erlebtem Jahrtausendwechsel korellierte. Ich entsinne mich, 1970 bedauert zu haben, daß ich im Jahr 1999/2000 schon „uralt" sein – ich bin Jahrgang 1938 – und von dem großen Ereignis nichts mehr haben würde, falls ich es überhaupt noch erlebte. Die damalige Zukunftserwartung wurde sehr stark durch Kubricks Film „2001 – Odyssee im Weltraum" geprägt, der im Jahr 2001 tatsächlich erneut in die Kinos kam – und völlig anders begriffen wurde als 1970. – Auf die erkenntnistheoretischen Aspekte dieses „Selbstversuches" kann hier nicht eingegangen werden. – Die Zitate sind in dem o.a. Aufsatz im einzelnen belegt und sollen daher hier nicht wiederholt werden.

„Um die Mitternachtsstunde betete ich", vermerkte die Fürstin Radziwill in ihrem Tagebuch, „als die Kanonen der ganzen Stadt Berlin den Beginn eines neuen Jahrhunderts verkündeten und alle Glocken läuteten. Man weiß, was das 19. Jahrhundert mit sich genommen hat. Man weiß nicht, was das 20. bringt, und nicht ohne Erregung habe ich die Grenze überschritten."

Zur gleichen Zeit spottete Graf Waldersee: „Weniger nach meinem Geschmack war der Beginn des neuen Jahres. Man begab sich von der Kapelle in den weißen Saal und hatte Defiliercour vor den Majestäten. Man sagt, vor hundert Jahren wäre es ebenso gehalten worden; wird es wohl nach hundert Jahren wieder ebenso oder ähnlich getrieben werden? Soweit ich die Zeichen der Zeit zu deuten vermag, antworte ich mit einem Nein."

Innere Bewegung, ein wenig Skepsis, ein wenig Romantik treten uns in zahlreichen Quellen aus jenen abendlichen Stunden entgegen, in denen unsere Urgroßväter und Urgroßmütter Abschied vom 19. Jahrhundert nahmen. Viele Bühnen hatten auf ihr Silvesterprogramm Dramen wie Kotzebues „Neues Jahrhundert", Halbes „Tausendjähriges Reich", Stücke mit Titeln wie „Jahrhundertwende", „An des Jahrhunderts Neige", „Des Deutschen Jahrhundertwende" gesetzt, und während Theaterdirektoren und Schauspieler überall im Reich feierliche Prologe zur Säkularwende deklamierten, entfaltete sich in den Straßen das bunteste Treiben. In Berlin vermochte „Unter den Linden" und auf der Friedrichstraße nur ein übergroßes Polizeiaufgebot die Begeisterung der Menge zu dämpfen; einige „hoffnungsvolle Jünglinge", wie sie die „Vossische Zeitung" nannte, „die sich mit alten Schlapphüten ausstaffiert hatten, gaben sich für echte unverfälschte Buren aus und machten einen entsetzlichen Lärm mit rauchlosem Pulver von Transvaal und Burenbackpfeifen, Knall- und Feuerwerkskörpern, die als lautstarke Untermalung der populären politischen Überzeugungen sogar das Wohlwollen der Polizei genossen. Der Burenkrieg war in vollem Gange, und alle Welt natürlich für Ohm Krüger und gegen die perfiden Engländer.

Die Kirchen waren überfüllt; so hatten sich im Berliner Stadtmissionshause über 2 500 Menschen versammelt, die Gottesdienste schlossen meist mit einem „Nun danket alle Gott", und Dank für das Erreichte, Stolz auf das Gegenwärtige, Hoffnung in das Zukünftige prägten überall die letzten Stunden jenes Jahrhunderts, dessen man sich in einer Art „potenzierter Sylvesterstimmung", wie ein Journalist meinte, noch einmal voll bewußt zu werden trachtete.

Die Ziffern 1900 wirkten wie eine magische Zahl. Sicherlich betonten zahlreiche Leitartikel in ermüdender Wiederholung, daß der Strom der Zeit nicht plötzlich angehalten, nicht plötzlich etwas Neues beginne, daß der Übergang von dem einen zum anderen Jahrhundert nur eine mathematische Fiktion sei, ja, daß das Reich sein „Weltjubiläum" erst 1970/71 feiern werde – das Bismarckreich würde dann genau hundert Jahre alt werden – an dem Empfinden, eine bemerkenswerte Zäsur der Zeit zu erleben, änderte dies nichts. So wie wir jahrelang auf das Jahr 2000 wie auf eine magische Zahl geblickt haben, das fing mit „Global 2000" schon in den siebziger Jahren an und setzte sich dann ständig weiterwachsend, am Schluß wie eine Lawine fort, bis es denn endlich da war, das Jahr 2000, so fieberten auch die Menschen im Jahr 1899 dem großen Ereignis entgegen – obwohl es ja „nur" ein Jahrhundertwechsel war, was die Kommentatoren leise bedauerten und uns Heutige darum beneideten, daß *wir* sogar einen Jahrtausendwechsel erleben würden. Die Tage um den 31. Dezember 1899 und den 1. Januar 1900 spiegelten ebenso wie die um den 31. Dezember 1999 und den 1. Januar 2000 das Selbstverständnis der Zeit; die Jahrhundertwende als chronologisches Ereignis wurde überall als Möglichkeit und Aufforderung verstanden, sich Rechenschaft über die letzten 100 Jahre, den eigenen Standort, das eigene Wollen und über die Zukunftserwartungen abzulegen.

Von hierher gewinnt die Betrachtung jener beiden Tage und aller Quellen, die auf sie Bezug nahmen, ihren eigentümlichen Reiz für den Historiker, wobei ihn zunächst gar nicht in erster Linie der sachliche Inhalt seines Materials, sondern vor allem die Frage interessiert, wie jene sich selbst einschätzten, die sich damals aufgerufen fühlten, über ihre Vergangenheit, Gegenwart und Zukunft zu urteilen. Dabei öffnen sich der Historie fruchtbare Einsichten; scheinbar banalste Quellen – Kalender, Predigten, Festansprachen, Leitartikel, Leserbriefe, Preisausschreiben, Witze, Karikaturen, Reklame – gewinnen oft erstaunliche Aussagekraft.

Es war das „mathematische Jahrhundert" – eine der zahlreichen Etiketten, die dem abgelaufenen Säkulum beigegeben wurden –, das schon mit dem Grundproblem nicht zurecht kam, wann denn eigentlich das 20. Jahrhundert anfange. Eine Frage, die uns hundert Jahre später erneut lebhaft beschäftigt hat, obwohl sie doch als müßig erscheinen möchte. Sie hat schon vor hundert Jahren eine Flut von bedrucktem Papier, von chronologischen Aufsätzen, Broschüren und Büchern hervorgebracht und konnte schließlich nur durch eine förmliche Verordnung des Bundesrates vom 14. Dezember 1899 etwas autoritär entschieden werden: „Es wird Einverständnis darüber festgestellt", lautete der Beschluß, „daß als Anfang des neuen Jahrhunderts der 1. Januar 1900 gelten solle." Die Gemüter wurden durch dieses Festsetzung allerdings keineswegs beruhigt; „der alte Satz", hieß es in der „Nation", „daß kein Cäsar über der Grammatik stehe, ist damit hinfällig geworden. Bei uns steht Cäsar, d.i. der Staat, die Bureaukratie, die Polizei sogar über der Arithmetik." Und schnell hatte man dem 20. Jahrhundert ein erstes Etikett angehängt, es galt nun als „das polizeilich befohlene Jahrhundert." Die mehr oder weniger witzigen Reime, die sich mit diesem schwerwiegenden Problem befaßten, waren Legion; der bekannte Leutnant von Versewitz aus der illustrierten Zeitschrift „Jugend" faßte die Meinung vor allem der sich gebildet dünkenden Schichten zusammen:

> „Weiß nich, weshalb schon dieses Jahr
> Kopf mit Betrachtung zerquälen?
> 1900 doch offenbar

Alten Jahrhundert zu zählen? –
Fände konträre Behauptung stark,
Nie dieser Ansicht mich fügen!
Paßt mir nun mal nich für hundert Mark
Neunundneunzig zu kriegen!"

Das Problem wurde 1900 so wenig gelöst wie 1800, als sich Goethe und Schiller darüber die Köpfe heiß redeten, sowenig wie 1700, als es in Versailles zu einem bevorzugten Thema der höfischen Konversation gemacht wurde, und wir haben im vergangenen Jahr eine Neuauflage dieses unlösbaren Streites erlebt.

Letztlich war die Entscheidung des Bundesrates jedoch eine durchaus ernst gemeinte politische Entscheidung, hätte doch ein um ein Jahr später angesetzter Jahrhundertwechsel der schon damals intensiv vorbereiteten 200-Jahrfeier der preußischen Königskrönung Abbruch tun können. Dieses Argument spielte 1999, soweit ich sehe, nicht die geringste Rolle mehr; man sieht, wohin es mit Preußen gekommen ist. Nichtsdestoweniger werden wir am 18. Januar 2001 mit Erinnerungen an die Gründung des Königreiches Preußen vor nunmehr 300 Jahren überschüttet werden[2]. Wilhelm II. jedenfalls wünschte in beiden aufeinanderfolgenden Jahren ein repräsentatives Jubiläum zu feiern.

Daran ließ auch die Kabinettsordre vom 11. Dezember 1899 wenig Zweifel. Anläßlich der Jahrhundertwende sollte in allen Schulen „auf die großen Ereignisse des zu Ende gehenden Jahrhunderts" hingewiesen und in festlichen Akten der Jugend klar gemacht werden, „wie es Pflicht des heranwachsenden Geschlechtes sei, mit Dank gegen Gott das von den Vätern überkommene Erbe zu bewahren und fördern zu helfen."

Es ist nicht ohne Interesse, einen wenigstens flüchtigen Blick auf die Staatsfeierlichkeiten zu werfen, deren Mittelpunkt Berlin, deren Initiator der Kaiser war. Dabei wird deutlich, daß Wilhelm II. mit dem sich hier entfaltenden Prunk, der selbst einem Bülow als „theatralisch" erschien, dem königlichen Preußen, dem kaiserlichen Deutschen Reich, der Dynastie der Hohenzollern in steif-historisierendem Zeremoniell zu einer eindrucksvollen Selbstdarstellung verhelfen wollte. Die Berliner – das „Volk" – standen abseits; Adel, Geistlichkeit und Militär beherrschten sowohl bei der mitternächtlichen Feier in der Schloßkapelle und im Schloß als auch bei dem Festakt am 1. Januar die Szenerie.

Man versammelte sich am letzten Tag des Jahrhunderts gegen 23 Uhr in der Schloßkapelle, die wie das Standbild Wilhelms I. in hellem, elektrischen Lichterschein erstrahlte. Die Botschafter und Gesandten, die Militärattachés und Generalfeldmarschälle, die Prinzen aus nichtköniglichem Hause, die Präsidenten von Reichstag und Landtag, der Reichskanzler und seine Minister, die wirklichen Geheimen Räte und die Räte Erster und Zweiter Klasse, schließlich die Kammerherren, sie alle verfolgten den feierlichen Einzug des Kaiserpaares. Begleitet von seinen älteren Söhnen, angetan mit der großen gestickten

---

2 Diese am 5. November 2000 formulierte Prophezeiung ist in Erfüllung gegangen.

Generaluniform mit breitem Bande des Schwarzen-Adler-Ordens erschien Seine Majestät in der Kapelle, ehrfurchtsvoll vom Oberhofprediger, Generalsuperintendent Dryander, begrüßt. Dessen Festpredigt über ein vom Kaiser selbst bestimmtes Thema war kurz, wenig gehaltvoll, doch frei von übertriebenem Pathos. In einem der üblichen historischen Rückblicke wies er darauf hin, daß die Deutschen, zu Jahrhundertanfang ein halb bewundertes, halb verspottetes „Volk der Denker und Träumer", an seinem Ende durch „Fleiß", „Kraft" und „Geist" zu den „Ersten im Wettbewerbe um die geistige Eroberung der Welt" gehörten; „Traum und Sehnsucht" nach dem Reiche hätten sich erfüllt, „ungeheure Erfolge unseres Handels", die „weltverbindende Kraft unserer Technik", die „behagliche und genußreiche Gestaltung unseres Lebens", das alles galt es zu rühmen, dafür hatte man zu danken. Nur an einer Stelle drang auch in diese abgeschirmte, fast unwirkliche Feierstunde ein ungewohnter Ton: „Schmerzlich haben sich die Dinge geändert", rief Dryander aus, „einst standen unsere Väter auf, ein einig Volk von Brüdern. Heute stehen die Brüder eines Volkes mißtrauend, grollend, hassend einander gegenüber. Einst schien kein Opfer zu groß für des Vaterlandes Begeisterung. Heute ist der Opfersinn selten geworden." Ein flüchtiger Moment der Besinnung, des Unbehagens – rasch glitt der Prediger wieder über ihn hinweg.

Die geladenen Gäste nahmen um Mitternacht an der großen Gratulationscour im Weißen Saal des königlichen Schlosses teil, die Berliner verfolgten mit offenen Mündern die Auffahrt der Gäste, erhaschten hier einen Blick auf einen bepuderten Diener, dort eine „Wolke von Seidenstoffen", wie es in der „Kreuz-Zeitung" blumenreich hieß; Glockenklänge, Geschützdonner und Trompetenschall untermalten die Szene.

Der Neujahrsmorgen war in dichten Nebel gehüllt. Das Schloß prangte im Flaggenschmuck. Mit einem großen militärischen Wecken vor dem Schloß, bis Unter die Linden, und dem Choral „Das alte Jahr vergangen ist", vom Trompeterkorps des Garde-Kürassierregiments von der Schloßkuppel geblasen, empfing die Reichshauptstadt das neue Jahrhundert.

Im Mittelpunkt des 1. Januar 1900 stand eine große militärische Zeremonie im Zeughaus, bei der den Regimentern neue Fahnentücher und Jahrhundert-Ehrenspangen verliehen wurden. Wie schon oft in den voraufgegangenen Monaten nahm der Kaiser auch diesmal die Gelegenheit wahr, Propaganda für die Flotte zu machen, deren entscheidende Vermehrung in diesen Wintermonaten im Brennpunkt aller politischen Überlegungen stand. Wilhelm II. wußte das tagespolitische Ereignis in seine Säkularbetrachtung zu fügen; der Jahrhundertwechsel mit seinen Retrospektiven forderte den historischen Vergleich geradezu heraus: „Und wie mein Großvater für sein Landheer", hieß es in seiner vielbeachteten Ansprache, „so werde auch ich für Meine Marine unbeirrt in gleicher Weise das Werk der Reorganisation fort- und durchführen, damit auch sie gleichberechtigt an der Seite meiner Streitkräfte zu Lande stehen möge und durch sie das Deutsche Reich auch im Ausland in der Lage sei, den noch nicht erreichten Platz zu erringen." Denn, so schloß der Kaiser seine Rede und zitierte Friedrich Wilhelm I.: „Wenn man in der Welt etwas will decidieren, will es die Feder nicht machen, wenn sie nicht von der Force des Schwertes soutenieret wird."

Diese Worte waren gleichsam der Kontrapunkt zu der großen Jahrhundertrede des Grafen Bülow vor dem Reichstag am 11. Dezember 1899, in der das berühmte Wort fiel, Deutschland werde im 20. Jahrhundert Hammer oder Amboß sein. Bülow selbst bezeugte, daß die Jahrhundertstimmung den Boden für diese pathetischen Formulierungen des Patriotismus bereitet hätte, und hört man den gereimten Kommentar in der biederen Zeitschrift „Jugend" – eben jener, die einer ganzen Stilrichtung den Namen lieh –, wird das verständlich:

> „An des neuen Jahrhunderts Tor
> Deutschland, erlaube die Frage:
> Wie wird werden, was hast du vor?
> Deutschland, mein Deutschland sage!
> Wirst du dir wahren Ehr und Gut
> gegen Räuber und Neider?
> Wird man dir wieder im Übermut
> Stehlen die Kleider vom Leibe?
> Wird dir ein neuer Sonnenschein
> Oder der alte Jammer?
> Wirst du Knecht oder Herrscher sein?
> Amboß oder Hammer?"

Der Kaiser und die Hofberichterstattung priesen die Erfolge der Vergangenheit und bemühten sich, Vertrauen in die Zukunft auszustrahlen; die Begriffe „Kraft" und „Macht" standen als Leitmotive über zahlreichen öffentlichen Ansprachen, doch vermochten sie nicht einige skeptische, zweifelnde Untertöne ganz zum Schweigen zu bringen. „Wir Deutschen leben der Hoffnung, daß unser Vaterland neben den Vereinigten Staaten, Rußland und England sich die Stellung als vierte Weltgroßmacht[3] werde erringen und behaupten können", meinte Eduard von Hartmann in der Wochenschrift „Die Gegenwart" vom 6. Januar 1900, „es ist aber eine sehr ernste Frage, ob diese Hoffnung nicht auf illusorischen Voraussetzungen ruht [...]."

Das widersprach der amtlichen Interpretation der deutschen Geschichte und Zukunft. In den Worten des Kaisers, wie in dem Gepränge, das auf seine Veranlassung hin zu Jahrhundertanfang entfaltet wurde, spiegelte sich eine ehrliche Freude an allen Erfolgen, die im 19. Jahrhundert Deutschland, Preußen und sein Haus groß gemacht hatten, und wenn in den Rückblicken gerade die ersten Jahrzehnte des 19. Jahrhunderts besonders

---

3 Was hinter dieser Behauptung steckte, hat Sönke NEITZEL: Weltmacht oder Untergang. Die Weltreichslehre im Zeitalter des Imperialismus, Paderborn 2000, untersucht.

düster ausgemalt wurden, so geschah dies nicht ganz ohne Behagen und nicht ohne Selbstzufriedenheit. Man sollte sich nicht täuschen: Der historische Rückblick, auf den auch noch die kleinste Provinzzeitung nicht verzichtete, wollte nicht der geschichtlichen Erkenntnis dienen; nicht die historische Frage interessierte, „wie es eigentlich gewesen" sei, sondern die politische, was daraus hervorgegangen, was daraus fernerhin zu erwarten sei. Und da schien sich eine klare aufsteigende Linie, ein Schreiten von Erfolg zu Erfolg, unterbrochen nur durch irrelevante Rückschläge, ein Aufschwung per aspera ad astra, wie es immer wieder hieß, nicht übersehen zu lassen. „Was war Deutschland bei Beginn des Jahrhunderts? Kaum ein geographischer Begriff", „Was waren die Fürsten vor hundert Jahren? Sie dachten nicht an ein deutsches Vaterland", „Was war das Bürgertum? Geknechtet und geknebelt", „Was war der Bauer zu Anfang des Jahrhunderts? Nicht viel mehr als ein weißer Sklave", so interpretierte die angesehene „Vossische Zeitung" den Beginn des 19. Jahrhunderts. Wilhelm II. hatte in einem Jahrhunderterlaß an das Heer selbst auf den verrotteten Zustand der angeblich auf ihren Lorbeeren eingeschlafenen friderizianischen Armee hingewiesen – was von der Presse wohlgefällig vermerkt wurde –, und so ist es nicht verwunderlich, daß dem äußeren Anlaß des preußischen Zusammenbruchs – Napoleon – durchaus nicht nur patriotische Abneigung entgegengebracht wurde. War es doch gerade der Korse gewesen, dessen Verheerungen zur Initialzündung eines beispiellosen staatlichen Aufschwunges geworden waren, und der erste, beileibe nicht der letzte Höhepunkt schien mit der Reichsgründung erreicht worden zu sein.

Im Aufstieg Preußens und der Begründung des Reiches durch Bismarck oder „Wilhelm den Großen", wie sein Enkel immer wieder zu suggerieren trachtete, sammelten sich wie in den beiden Brennpunkten einer Ellipse die Jahrhundertrückblicke nahezu aller Publikationsorgane. Das alte Reich, dieses „groteske Ungeheuer", wie der „Vorwärts" in einer wohl unbewußten Anlehnung an die bekannte Pufendorffsche Definition schrieb, galt als zurecht untergegangen, ihm wurde keine Träne nachgeweint, ja, es wurde meist nicht einmal erwähnt. Die geschichtliche Bedeutung des 19. Jahrhunderts lag für die Masse der Zeitgenossen im Wiederaufstieg Preußens, in den Leistungen der preußischen Patriotenpartei, des Volkes in Waffen, und des preußischen Heeres als Unterpfand der zukunftsträchtigen politischen Entwicklung Deutschlands. Von Männern wie Stein, Scharnhorst, Blücher waren jene historischen Impulse ausgegangen, die ein halbes Jahrhundert später die Welt in Bewegung gesetzt, Deutschland zur Großmacht geformt und die deutsche Weltmacht hatten ahnen lassen. Das Jahrhundert der „Taten", wie es genannt wurde, lag den Betrachtern und Zeitgenossen Nietzsches an seinem Ende klar und eindeutig vor Augen, das Jahrhundert der „Strömungen", der „Ideen" – von Ideologien, die doch wie nichts sonst das kommende Jahrhundert prägen sollten, sprach niemand – hingegen erschien merkwürdig, gab Rätsel und Fragen auf.

Ein Beispiel mag das verdeutlichen. Natürlich kam kein Kommentar, keine Festrede, die dem 19. Jahrhundert gewidmet war, um die Erwähnung Goethes herum, doch das verbreitete Unbehagen an dieser vielschichtigen Natur war zeittypisch. So wußte die

„Kreuz-Zeitung" über Goethe nichts anderes zu sagen, als daß der Dichter Napoleon bewundert habe. „Die Angriffe, die er wegen seiner nationalen Lauheit erfahren hat", beklagte sich das Blatt am 31. Dezember 1899, „stammten aus späterer Zeit und werden im Grunde auch heute noch nicht ernst genommen." In seiner Festansprache kam auch Alois Riedler, der Rektor der Technischen Universität Berlin, auf das Problem Goethe zu sprechen: Dieser „schrieb bei der letzten Jahrhundertwende an Schiller", hieß es in der Rede, „lassen Sie den Anfang wie das Ende sein und das Künftige wie das Vergangene." Das, so rief Riedler aus, war „der bescheidene Wunsch des größten Dichters zu einer Zeit, als Ströme von Blut im Namen der Freiheit, Gleichheit und Brüderlichkeit flossen, kriegerische und politische Stürme daherbrausten, Staaten und Gesellschaft im innersten Wesen bedrohten. Wahrlich ein nur nach innen gerichteter, wenn auch größter Geist!" Auch die „Vossische Zeitung" bedauerte die „laue", „weltbürgerliche" Haltung des Dichterfürsten. Was nütze denn „der prachtvollste Hymnus", fragte das Blatt, wenn Goethe in Weimar Hof hielt und nicht begriff, „daß man neben den ‚Ideen der Menschheit' auch die des eigenen Volkstums hochhalten und dessen Stellung ‚im irdischen Gewühle' für etwas Beachtenswertes ansehen könne."

Ja, das 19. Jahrhundert galt als das Jahrhundert der Tat. Die Taten vollbracht hatte aber das preußisch-deutsche Heer. Es hätte gar nicht der wiederholten Bemühungen Wilhelms II. bedurft, um dies der Öffentlichkeit einzuhämmern. Wenn das 19. Jahrhundert auf einen einzigen Nenner gebracht, wenn Vergangenheit und Gegenwart in einem Punkte verknüpft werden sollten, so bot sich in der Militärmacht Preußen-Deutschlands die beste Möglichkeit dafür. Traditionen und Fortschrittsgläubigkeit fielen hier in eins, und der deutsche Kaiser ließ keinen Zweifel daran, daß er sich als Symbol und Hüter dieser höchsten nationalen Werte begriff. Einfach, aber sinnfällig wurde dieser Umstand in der Festnummer des Armeeverordnungsblattes vom 1. Januar 1900 ausgedrückt. Der Tagesbefehl des Kaisers war mit einer Zeichnung geschmückt, in der auf den beiden Seiten einer Schwert und Schild tragenden Germania rechts der Rhein mit seinen Burgen, links ein in voller Fahrt befindliches Kriegsschiff dargestellt waren. Über dem Ganzen ging die Sonne auf, in ihrem Strahlenglanz leuchteten die Ziffern 1900.

Das simple Schema „per aspera ad astra" war nicht nur ein bequemer rhetorischer Kunstgriff, sondern barg ein politisches Glaubensbekenntnis, das selbst noch in der verquollenen Theatralik einer Säkulardichtung Ernst von Wildenbruchs durchschimmerte:

> „Und in der Nacht, die tief und tiefer dunkelt,
> Wie Sternenlicht zu leuchten hebt es an;
> Ein Haupt steigt auf, ein Auge glüht und funkelt,
> Zu seinem Werk führt ihn sein Tag heran".

Er meinte Bismarck. Dieser „Tatmensch" und sein Instrument, das königlich-preußische Heer, waren die Summe des 19. Jahrhunderts, alles andere wurde demgegenüber mediatisiert – was von sozialistischer Seite mit verbissenem Hohn und Spott quittiert wurde. Es war niemand anderes als der berühmte Berliner Philologe und Historiker Ulrich von Wilamowitz-Moellendorf, der in seiner Festansprache bei der Feier des Säkularwechsels in der Friedrich-Wilhelms-Universität zu Berlin für dieses Werk den mitreißendsten und glänzendsten Ausdruck zu finden suchte. Was die Jubelfeier im Zeughaus für die Repräsentanten von Heer, Beamtentum und Adel war, sollte die Feier in der Berliner Universität für die deutsche Geisteselite werden. Voller Stolz sprach es Moellendorf aus: „Was immer im Gedächtnis der Menschen den Hauptinhalt des neunzehnten Jahrhunderts bilden wird, das ist freilich die Erhebung Deutschlands zu einer Weltmacht [...]." Man habe das „Recht, [sich] in festlicher Stunde einzugestehen, daß das Köstlichste, was die Menschheit im 19. Jahrhundert gewonnen hat, den Stempel deutschen Ursprungs trägt. Man müsse wissen, daß Deutschland schon lange groß dastand, „ehe es eine politische und wirtschaftliche Einheit und Macht ward. Eine solche zu begründen ist der Gedanke nicht vermögend: dazu bedarf es der Tat."

Getan aber hatte es die Armee. „Das Heer ist die Schule der Nation", verkündete der Professor, „das ist die wahre und wirkliche befreiende allgemeine Bildung des Volkes." Und: „Daß der Nacken so gerade, die Brust so frei und der Blick so klar ist, das verdankt der deutsche Mann dem Gefühl der Mannesehre, das ihm die Erziehung des Heeres eingepflanzt hat."

Es ist heute gewiß leicht, diese markigen Worte zu belächeln, damals galten sie als unerschüttertes Glaubensbekenntnis für weite Teile des Volks. Heinrich Manns Roman „Der Untertan" hat das ganz zutreffend karikiert. Eine auch nur flüchtige Überprüfung der zahlreichen Festansprachen aus allen Bereichen des öffentlichen Lebens ergibt immer wieder eine Paraphrasierung dieser Überzeugung, und von daher gewinnt die These an Gewicht, das Deutschland der vergangenen Jahrhundertwende sei ein durch und durch militarisierter Staat gewesen – „durchmilitarisiert" nicht nur von „oben", sondern eben auch von „unten".

Heer und Flotte als Voraussetzung für die Bülowsche Weltpolitik, die das kommende Jahrhundert prägen sollte, waren in allen Rück- und Vorblicken der wichtigste Aspekt der Säkularbetrachtungen. Es ist erstaunlich, mit welcher Selbstverständlichkeit schon um die Jahrhundertwende der Begriff „Weltmacht" in die Massenmedien Eingang fand, wie selbstverständlich und naiv auch noch die unpolitischste Witz-Zeitung Weltpolitik, Flottenbau und deutsche „Ehre" ineinander setzte; was Bülow im Reichstag verkündete, fand eine oft schreckliche Vulgarisierung – etwa in den „Fliegenden Blättern":

> „Es schwebt ein Schiff in stolzer Pracht
> Auf weißen Wellenkämmen,
> Von deutschen Meistern ist's gemacht
> Aus deutschen Eichenstämmen.
> Glück auf, du trautes Schiff, Glück auf!
> Du trägst die deutsche Ehre,

> Trag sie in keckem Siegeslauf
> Beflügelt durch die Meere."

Wie stark sind wir wirklich? Welche Chancen haben wir wirklich? Wie kann das deutsche Reich Weltmacht werden, wenn es nicht einmal mit seinen inneren Problemen fertig wird? Liberale und sozialistische Blätter wie die „Frankfurter Zeitung", die „Rheinische Zeitung", die „Neue Zeit", der „Vorwärts" stellten den politischen Zukunftshoffnungen der konservativen Presse diese zweifelnden Fragen entgegen. Denn das 19. Jahrhundert hatte nicht nur die deutsche Einheit, den Aufstieg des Reiches gebracht, sondern mit dem Aufkommen des vierten Standes die soziale Frage, ein Problem, das nicht gelöst, ja dessen Lösung unabsehbar schien, was bedrückend wirkte. Was Dryander in seiner Festpredigt andeutete, glaubte der Kaiser in seinem Erlaß zur Jahrhundertfeier der Technischen Hochschule in Charlottenburg allerdings auf seine Weise lösen zu können: „Die Sozialdemokratie", verkündete er, „ist eine vorübergehende Erscheinung. Sie wird sich austoben."

Würde sie das wirklich? „Für sie hat die Jahrhundertwende nur die Bedeutung", antwortete der „Vorwärts", „daß sie, nicht klagend und nicht prahlend, nicht betend und nicht fluchend, nicht in abergläubischer Furcht und nicht in verzweifeltem Trotze, aber in fröhlicher Zuversicht ihren Befreiungskampf im Dienste der Menschheit am ersten Tage des neuen Jahrhunderts fortsetzen wird, wie sie ihn am letzten Tage des alten Jahrhunderts beschlossen hat." Sämtliche sozialistischen Blätter und alle Säkularbetrachtungen aus sozialistischer Feder waren sich in der Überzeugung einig, die der „Vorwärts" am 31. Dezember 1899 ausdrückte:

> „Der Kapitalismus ist in sein Greisenalter getreten. Auch dieser Koloß hat tönerne Füße, und der Stein ist längst im Rollen, der sie zertrümmern wird. Sein immer stärker anschwellendes Echo leitet das 20. Jahrhundert sinnvoller und wahrhaftiger ein, als der offizielle Glocken- und Posaunenklang, der in dieser Silvesternacht von den Kirchen- und Schloßtürmen erschallen soll."

Nicht von ungefähr erinnert dieses Zitat an den biblischen Mythos von den Danielschen Weltreichen; die Jahrhundertwende bot auch für die Sozialdemokraten eine willkommene Gelegenheit, die bekannten sozialistischen Glaubenssätze überzeugend zu aktualisieren. Die Zukunftserwartungen, die sich im bürgerlichen Lager eher auf einen neuen politischen Messias, einen zweiten Bismarck richteten – die „Gartenlaube" reimte:

> „Und ist die Zeit zu Großem auserkoren
> Wird auch der Held, der es vollbringt, geboren" –,

konzentrierten sich in der Sozialdemokratie auf die Marxschen Prophetien. Von der Gunst des historischen Augenblicks, der das Denken in historischen Epochen erleichterte, lebten auch die zahlreichen sozialistischen Utopien. Es ist höchst interessant, gerade diese Produkte der Phantasie und der politischen Überzeugung zu studieren, vermitteln sie doch einen idealtypischen Blick in die Gedanken- und Vorstellungswelt der wilhelminischen Generation, keineswegs nur in Deutschland. Jules Verne in Frankreich, H.G. Wells in England gelten zurecht als die Gründungsväter der Science-fiction; sie waren es, die vor den staunenden Zeitgenossen den Vorhang vor der Zukunft aufzureißen schienen, und was sie verkündeten, galt vielen nicht nur als die Realität von morgen, sondern als die wünschbare Realität. Im U-Boot um die Welt oder in achtzig Tagen; Reisen zum Mond, zum Mars, mit der Zeitmaschine. Eine ständige aufwärtsstrebende Evolution der Menschheit, bis die Menschen Göttern gleich würden, wie es Wells verkünden sollte. Der wohl beliebteste Zukunftsroman stammte aber von einem Amerikaner. Edward Bellamys „Rückblick aus dem Jahr 2000 auf 1887", in zahlreichen Auflagen hunderttausendfach in der Alten und Neuen Welt verbreitet, erfreute sich größter Beliebtheit; die Träumereien von der klassenlosen Gesellschaft, die nur noch dem „Edikt von Eden" und dem einzigen „Kapitalisten", dem Staat, unterworfen war, wurde als Inbegriff des paradiesischen Zustands ausgemalt, schon etablierten sich in den weiten Savannen der USA Bellamy-Genossenschaften, anderen erschienen solche Phantastereien allerdings eher wie der beklemmende Alptraum von einer total nivellierten, reglementierten, entfärbten Welt.

„Kein Hunger, kein Streit, keine Armen,
Kein Kampf mehr ums tägliche Brot,
Kein Elend, doch auch kein Erbarmen,
Kein Wohltun, doch auch keine Not.
Die Frauen frei in der Liebe,
Die Kinder erzogen vom Staat,
Die Welt ein Maschinengetriebe,
Das Leben ein großes Quadrat".

Läßt dieses Gedicht aus der Silvesternummer der „Lustigen Blätter" nicht doch schon leise keimende Zweifel am Fortschritt ahnen? Oder die Zeichnung eines Jahrhundert-Untiers, das alt und jung verschlingt und nicht die Sonne der Zukunft, sondern die Nacht der historischen Ungewißheit versinnbildlichen soll? Noch freilich brachen die Zweifel nicht voll hervor, noch überwogen überall Optimismus und Fortschrittsgläubigkeit. Sahen die „Alldeutschen Blätter" die deutsche Zukunft im Flottenbau, wollte Friedrich Naumann Wilhelm II. eine „Napoleonsaufgabe" zumuten, so prophezeiten naturwissenschaftliche Zeitschriften, wie die „Gaea" und „Die Natur" ein kommendes Jahrhundert wissenschaftlicher Wunder, und in optimistischem Überschwang wurde Hutten zitiert: „Oh Jahrhundert! Die Studien blühen, die Geister erwachen. Es ist eine Lust zu leben!"

Ja, wie herrlich weit hatte man es am Ende des 19. Jahrhunderts doch gebracht! „Ein überlegenes Lächeln mußte um des Besuchers Lippen spielen", hieß es in einem Büchlein über die Pariser Jahrhundertausstellung, „wenn er die retrospektive Jahrhundertausstellung durchmusterte und sah, mit welch unbeholfenen und schwerfälligen Beförderungsmitteln man sich zu Großvaters- und noch zu Vaterszeiten abfinden mußte, und leuchtenden Auges mußte er die moderne Technik preisen, welche die verschiedensten Dampf- und elektrischen Wagen, Automobile, Velocipeds, Luftballons und dergl. von der einfachsten bis zur höchsten Luxusausstattung in reichster Auswahl hervorgezaubert hat [...]."

Es würde viel zu weit führen, alle jene Stimmen durchzumustern, für die die Jahrhundertwende zum Anlaß wurde, sich mit den Erfolgen und Aussichten von Wissenschaft und Technik zu befassen. Grenzenloses Vertrauen in den unaufhaltsamen technischen Fortschritt spiegelt sich in Dutzenden von Säkularquellen. Die Weltausstellung, in Paris wenige Monate später eröffnet, sollte zum sichtbarsten, unmittelbarsten Ausdruck des wissenschaftlich-technischen Selbstverständnisses der Epoche werden; nicht 14, nicht 16 (wie in Hannover im Jahr 2000) – 60 Millionen Besucher zählte man in Paris; von Warteschlangen vor Pavillons, Parkplatz- und Verkehrsproblemen, finanziellen Defiziten war übrigens nirgendwo die Rede, in Paris erlebten Organisationsgeschick und Technik ihre Apotheose, und von allen Errungenschaften des 19. Jahrhunderts galt die Elektrizität als die höchste. Sie wurde geradezu mystifiziert. Versäumte schon keine Zeitung, auf den strahlenden elektrischen Glanz hinzuweisen, in den das Königliche Schloß, die Schloßkapelle und das Standbild Wilhelms I. in der Silvesternacht getaucht waren, so wurde der Elektrizitätspalast in Paris zum Inbegriff der Technik, zum modernen Tempel des Fortschrittsglaubens. In vielen Berichten aus der Stadt an der Seine überschlug sich die Begeisterung, eine Stimme mag für alle genügen: „Überall tausende von Glühlampen, Kaskaden von Licht", „darüber erhob sich der durch Illumination ganz besonders herausgehobene Elektrizitätspalast, der seine breitgelagerte Dachwölbung, wie ein zweites Himmelszelt mit 5 000 Glühlampen übersät, gleichsam rivalisierend zum nächtlichen, sternenfunkelnden Firmament erhob und das Licht der Sterne vor seinem Glanze erbleichen machte." Halb erschlagen von dem gewaltigen Bild gesteht unser Zeuge: „Aufrichtig freut man sich solcher Triumphe der Technik." – Doch es war die elektrische Straßenbahn, die für die Massen als Gipfel der Technik im 19., als das Gefährt des 20. Jahrhunderts galt.

> „Nach langem und schwerem Daseinskampf
> Schiebt ab das alte Jahrhundert mit Dampf.
> Wir brauchen ein neues Fluidum,
> Heil Dir, elektrisches Säkulum."

Daß die Elektrifizierung des ganzen Landes nur zwei knappe Jahrzehnte später zum Grundbestand der gewalttätigen Ideologie Lenins werden würde, ahnte freilich damals auch jener Reimeschmied wohl kaum, und nichts auch von den wahrhaft weltstürzenden Erkenntnissen eines gewissen Albert Einstein oder eines Physikers mit dem Namen Max Planck. Und obwohl, wie im nachhinein leicht zu erkennen, fast schon alle Grundlagen der Atom- und Teilchenphysik gelegt, Sigmund Freud schon berühmt war, hatten die Zeitgenossen und jene, die die kommenden Zeiten zu deuten wagten, keinen blassen Schimmer von dem, was auf uns im eigentlich existentiellen Sinne zukommen würde. Nirgendwo, um ein Beispiel zu nennen, ahnte man etwas von der Massenmobilisierung durch das Auto – obwohl es seit über zwanzig Jahren Autos gab –, weniger noch von den Möglichkeiten des Fliegens – obwohl es Flugzeuge längst gab –, man bewunderte vielmehr die gewaltigen fliegenden Zigarren des Grafen Zeppelin, und von den biologischen Revolutionen des 20. Jahrhunderts ahnte nur H.G. Wells etwas – niemand nahm „Dr. Moreaus Insel" ernst. Natürlich dachte auch niemand an einen Computer, geschweige denn an dessen Folgen, obwohl es die Differenzmaschine schon lange gab.

Daß jedoch die Technik auch der Politik dienen müsse, war den Zeitgenossen bewußt; gerade die wissenschaftlichen deutsch-französischen Rivalitäten während der Pariser Expo wurden als politische Spannungen begriffen, und wenn in der „Deutschen Revue" davon die Rede war, daß es „Aufgabe und Ziel der Wissenschaft" im neuen Jahrhundert sein müsse, „Mittel zu schaffen, welche die englische Vorherrschaft zur See wesentlich ausgleichen, indem man durch aufgespeicherte Kraft die Schiffe auf Monate hinaus zur Fahrt ausrüsten und sie damit von Kohlenstationen unabhängiger machen könnte", so verknüpfte sich auch hier eine gar nicht so utopische Säkularbetrachtung mit ganz handfesten aktuellen politischen Momenten; erhitzte doch gerade am 2. Januar 1900 die Aufbringung des deutschen Dampfers „Bundesrath" durch englische Kriegsschiffe die Gemüter, nachdem Graf Bülow die Presse angewiesen hatte, diesen Zwischenfall propagandistisch für das neue, also das zweite Flottengesetz auszunutzen.

Man ging in den Redaktionsstuben in der Regel von der Tagespolitik aus, um den Jahrhundertwechsel zu verorten und zu würdigen; man fühlte sich voll in den Zeitstrom eingebettet, die Standorte schienen klar umrissen. Die Zukunft sah für den Mann auf der Straße, mochte er nun konservativ oder sozialistisch eingestellt sein, vorwiegend rosig aus. Von den Weichenstellungen, die um die Jahrhundertwende in den Schaltzentren der Macht vorgenommen wurden, ahnte er kaum etwas, die Welt war in Ordnung oder sollte doch unaufhaltsam in Ordnung kommen, die „Fin de siècle"-Stimmung galt in Deutschland nur als literarische Kaprice und als Vorwand für witzige Bonmots. Gewiß, Décadence war Mode, und was ein Ludwig II. in seinen Märchenschlössern, ein Wagner in Bayreuth inszeniert hatten, ließ sensible Zeitgenossen schon ins Grübeln geraten, aber all dies spielte sich doch eher in der unwirklichen Atmosphäre der sogenannten „besseren Gesellschaft" ab, die nicht müde wurde, sich an den vermeintlich giftigsten Blüten von Kunst und Kultur zu berauschen. Dazu zählten übrigens auch jene Frauen, die als „femmes fatales" in die Weltliteratur und die Opernwelt eingingen – Wagners Kundry, Bizets Carmen, Oscar Wildes und Richard Strauß' Salome, die Heroinen Klimts und der Wiener oder Berliner Salons.

Das 19. Jahrhundert hatte man voll erlebt, das 20. wurde hoffnungsvoll begrüßt, doch niemand wollte so ganz den Propheten spielen. Erst 1910 erschien ein repräsentativer

Band mit dem Titel: „Die Welt in hundert Jahren". Da hatten die Illustrierten der Zeit weniger Hemmungen; immer wieder finden wir Beiträge mit dem Thema „Die Welt im Jahre 1950" oder „Ausblick ins 20. Jahrhundert". So nahm sich die „Berliner Illustrierte Zeitung" der Berliner Stadtentwicklung an: „Welch ein Unterschied zu 1800!" rief das Blatt aus, „welch ein Aufschwung, welch ein Wachstum!" Und am Schluß stellte die Illustrierte die Frage: „Wie wird es erst unseren Nachkommen ergehen, wenn sie sich an der Wende nicht nur eines neuen Jahrhunderts, sondern sogar eines neuen Jahrtausends befinden? Wer dann von uns als Geist herniederstiege, dessen Augen könnten wohl schier geblendet werden von allem Wechsel und Wandel, der dann mit unserem lieben alten Berlin vorgegangen sein dürfte!" Wie eigentümlich werden wir heute, also im Jahr 2001, davon berührt; ein Hinweis auf die Mauer, den Potsdamer Platz, das neue Kanzleramt, auf Attrappe und künftige Realität des Stadtschlosses (in dem der Jahrhundertbeginn so pompös begangen worden war) mag genügen! Eigentümlich muten uns aber auch fingierte Nachrichten aus dem 20. Jahrhundert an, die die „Jugend" in ihrer Jahrhundertausgabe abdruckte: „Aus dem deutschen Reichstag: Heute fanden die Vorstandsschaftswahlen statt. Es ergaben sich: Liebknecht: 1. Präsident, Bebel: 2. Präsident, Clara Zetkin: 1. Schriftführerin, Rosa Luxemburg: 2. Schriftführerin." Oder wenn eine Karikatur Bebel als Theaterdirektor auf der Bühne der Welt zeigte, oder wenn der „Kladderadatsch" prophezeite: „In Frankreich hausten einige Tungusenstämme und das übrige Europa war in den Privatbesitz von Rockefeller und Vanderbilt übergegangen." – Witze, Karikaturen, über die unsere Vorväter lachen sollten und sicherlich lachten, während uns das Lachen im Hals stecken bleiben will.

So wird für uns der Vorblick unserer Ahnen zum Rückblick, der Zeitstrom ist gekentert, Vergangenheit und Zukunft fließen ineinander. Wir haben erfahren, daß die Menschen immer, wenn sie das Ende eines Jahrhunderts feierten, sich auch bemühten, die Neujahrsnacht des vorvergangenen Jahrhunderts sich ins Gedächtnis zu rufen. So bildet sich eine Brücke der Kontinuität von Jahrhundert zu Jahrhundert, und solange es Geschichtsschreibung gibt, werden sich an diese Brücke weitere Bögen anschließen. Auf dem Aachener Historikertag (2001) habe ich an einer Sektion mit dem programmatischen Titel: „Die Jahrhundertwende von 1900" mitgewirkt[4]. Die Zeitgenossen von 1900 wußten sehr genau, daß wir ihre Jahrhundertwende gleichsam ausgraben würden, und es war ein Bonner Gelehrter – Paul Holzhausen –, der in einer literaturgeschichtlich wertvollen Studie aus dem Jahr 1900 über die Säkularwende 1800 darauf hinwies, als er schrieb:

> „Die Frage, ob, wenn wiederum hundertmal der Kreislauf des Planeten um das langsam erkaltende Zentralfeuer der Sonne sich voll-

---

[4] Die dort gehaltenen Vorträge werden von Sönke Neitzel herausgegeben, das Buch wird 2002 im Schöningh-Verlag, Paderborn, erscheinen.

endet hat und ein drittes Jahrtausend der christlichen Zeitrechnung ahnungsvoll seine ungeheueren Tore öffnet, einer unserer Enkel Lust und Muße finden wird, den Spuren zu folgen, die unsere Säkularwende der Nachwelt zurückließ? Vielleicht – wer weiß – fallen einem forschenden Manne dann auch diese Blätter in die Augen. Sie werden vergilbt sein; Maus und Bücherwurm mögen an ihren Rändern genagt haben. Aber wie uns selbst manch freundlicher Gruß aus den Schriften der Ahnen zur heurigen Wende hinüberklang, so möchten auch wir, unseren Voreltern an Höflichkeit nicht nachstehend, dem Geschlechte der Zukunft über den Abgrund eines Säkulums ein herzliches ‚Prosit Neujahr zum Jahre 2000' entgegenrufen!"

Nicht nur Holzhausen war davon überzeugt, daß wir „unseren" Jahrtausendwechsel noch viel großartiger feiern würden als sie ihren Jahrhundertwechsel, denn als Fazit allen Räsonierens über die Zukunft ergab sich die gewisse Hoffnung, wie im Deutschen Reich, so in Europa und der Welt Vernunft und Frieden, Wohlstand und Kultur unaufhaltsam blühen, wachsen und gedeihen zu sehen. 1899 hatte es die erste Haager Friedenskonferenz gegeben, zum ersten Mal hatten gekrönte Häupter feierlich auf den Krieg als „Glied in Gottes Weltordnung", wie es der alte Moltke ausgedrückt hatte, zu verzichten versprochen, und niemand wußte am Silvesterabend des Jahres 1899, daß just vor zehn Jahren, genauer: am 20. April, in dem österreichischen Städtchen Braunau ein Baby namens Adolf geboren worden war; ein Kind, das nun als Zehnjähriges mit offenem Mund das Silvesterfeuerwerk angestaunt haben mag. Noch war die Neujahrsluft nicht kriegsgeschwängert, aber schon krachte es an allen Ecken und Enden der Erde, und nicht nur zu Silvester. Sahen die Zeitgenossen von damals das kommende Säkulum in rosigen Schimmer getaucht, so durchziehen „unser" zwanzigstes Jahrhundert die Rauchschwaden zweier fürchterlicher Weltkriege – und die von Auschwitz. Nur weil die zweite Hälfte unseres Jahrhunderts viel freundlicher und friedlicher war als die erste, konnten wir 1999 einigermaßen beruhigt den Blick zurück wagen, aber die Geschichte des 20. Jahrhunderts hat uns anders als die des 19., die unseren Vorfahren als Maßstab zur Verfügung stand, gelehrt, daß es vermessen wäre, wollten wir ähnliche fröhliche Prognosen wagen, wie die Zeitgenossen von damals. Genau aus diesem Grund wurde „unser" Jahrtausendwechsel vergleichsweise bescheiden und besinnlich begangen, und weil wir uns beim Abbrennen der Knall- und Feuerwerkskörper sichtlich zurückhielten, die Feuerwerkslager daher ziemlich voll blieben, konnte es zu dem schrecklichen Unglück von Enschede kommen – ein Menetekel?

Wir haben am eigenen Leib die Wirkungen einer „magischen Zahl" erfahren, und wir werden am 31. Dezember 2000 sogar einen kleinen Nachklapp erleben, halten doch immer noch einige hartnäckig daran fest, daß das 21. Jahrhundert eben erst am 1. Januar 2001 begänne. Wie dem auch sein mag – ich wüßte übrigens nicht, daß der Bundesratsbeschluß vom 14. Dezember 1899 jemals aufgehoben worden wäre –, wir sollten die

Grüße, die unsere Vorfahren uns über den Abgrund eines Jahrhunderts zugerufen haben, freundlich erwidern und unsererseits es wagen, allen Menschen, die am 31. Dezember 2099 des 22. Jahrhunderts harren, ebenfalls unsere Glückwünsche zu entbieten. Auch denen vom Jahr 2999? Ob es uns, die Menschen, dann noch geben wird?

Zukunft ist das, was wir nicht wissen, und der Historiker, um Schlegel zu zitieren, doch nur der rückwärtsgewandte Prophet.

Zeitenwende 2000

von Angela und Karlheinz Steinmüller

Keine Jahreszahl hat die Phantasie der Menschen so beschäftigt wie das magische Jahr 2000. Lange Zeit war die Zwei mit den drei Nullen Projektionsfläche für Hoffnungen und Befürchtungen, Zielpunkt von Prognosen und Planungen, Anlaß für ideologische Auseinandersetzungen um die kommende Welt, vermutete Schauzeit für Weltuntergänge oder Weltenwenden, kurzum: die Chiffre für Zukunft überhaupt. Und jede Epoche packte in das Jahr 2000, was sie bewegte.

Die Erfindung des Jahres 2000

Vermutlich hat Nicolas Restif de la Bretonne das Jahr 2000 erfunden. Der französische Vielschreiber, Pornograph, Utopist und Graffiti-Künstler veröffentlichte 1789 eine „heroische Komödie" mit dem Titel „Das Jahr 2000"[1]. Wie die Revolutionäre des Jahres I malte sich Restif eine aufgeklärte Volksmonarchie aus: Anläßlich einer Massenhochzeit zur Jahrtausendwende huldigen alle Stände und Berufsgruppen dem Sonnenkönig Louis François XXII. Vive le Roi! – 1793 fiel mit dem Kopf von Louis XVI. auch die französische Monarchie. So schnell können sich Visionen vom Jahr 2000 überholen.

Im Vergleich zu Restifs Komödie ist Edward Bellamys sozialistische Utopie „Ein Rückblick aus dem Jahr 2000" von 1888 ein politisches Schwergewicht[2]. Bellamys Menschen des Jahres 2000 leben in einem perfekten Staat. Genüßlich klären sie Mr. West, der 1888 eingeschlafen und erst 2000 wieder erwacht ist, darüber auf, welche irrsinnigen Gebrechen sein kapitalistisches Jahrhundert erzeugte: mörderische Kriege, Verschwendung in größtem Maßstab, Luxus auf der einen, bitterste Armut auf der anderen

---

1 Nicolas Edme Restif de la Bretonne: L'an deux-mille, comédie héroïque, mêlée d'ariettes, en trois actes, in: Ders.: Le Thesmographe ou Idées d'un honnête-homme sur un projet de réglement, La Haye, Paris 1789, Ndr. Genf 1988.
2 Edward Bellamy: Looking backward 2000–1887, Boston 1888 (dt.: Ein Rückblick aus dem Jahr 2000 auf 1887, Leipzig 1998).

Seite, Krankheiten, Kriminalität. Die USA 2000 sind von diesen Makeln frei und nach Gleichheits- und Bedürfnisprinzipien durchrationalisiert: nationalisierte Produktionsmittel, ein militärisch gegliedertes Arbeitsheer (Dienstzeit 24 Jahre), eine akkurate Versorgungsbürokratie, exakte Zuteilung von Pflichten wie Waren. Für die meisten Leser war Edward Bellamys sozialistische Roman-Utopie „Ein Rückblick aus dem Jahr 2000 auf das Jahr 1887" ein faszinierendes Gegenbild zum brutalen Kapitalismus der Epoche.

Als Clara Zetkin das Buch übersetzte, fand es auch in Deutschland reißenden Absatz. Doch der „Rückblick" war für die Sozialdemokraten kein einfaches Werk: Einerseits machte das Buch mit gewaltigen Auflagenziffern gute Propaganda für sozialistische Ideen, andererseits schmeckte die Vorstellung der Arbeitsarmee nach dem, was Friedrich Engels einmal „Kasernenhof-Sozialismus" genannt hatte, und nicht zuletzt erzeugte es eine Flut von Gegenschriften. Auf die Erfindung des Jahres 2000 folgte der Kampf der Ideologen um das zukünftige Land der Verheißungen.

Das Jahr 2000 von der Schokoladenseite

1899 lagen den Kakaopäckchen und Schokoladentafeln der Berliner Schokoladenfabrik Hildebrand bunte Bildchen bei, die das Jahr 2000 von der besten, der Schokoladenseite zeigten: Schlechtes Wetter ist abgeschafft, Schönwettermaschinen, riesigen Kanonenrohren gleich, saugen jede düstere Wolke vom Firmament. Riesige Glasdächer schützen die Städte vor Hagel und Schnee: „Selbst der Kälte könn'n wir trotzen,/Wenn wir mit dem Holz nicht geizen,/Lassen sich die größten Städte/Mollig wie 'ne Stube heizen." Im Himmelsblau tummeln sich Flugmaschinen der unterschiedlichsten Konstruktion, Zwei- und Mehrflügler für den Privat- und Dienstgebrauch. Unterseeische Schiffe kreuzen mit staunenden Touristen über den Wundern des Meeresgrundes. Luftballone als Auftriebskörper ermöglichen es den Menschen, über die Wogen zu wandeln, vielleicht bis nach Amerika? Bewegliche Trottoirs befördern die Fußgänger durch die Städte, und wo alte Häuser den neuen Avenuen weichen müssen, werden sie auf Schienen beiseite geschoben. Theateraufführungen werden durch eine Art Bild-Projektoren in jedes Wohnzimmer übertragen, und die Gendarmerie beobachtet Einbrecher durch Wände hindurch mittels verbesserter Röntgenstrahlen.

Aus den Schokoladenbildchen der Firma Hildebrand und ähnlichen Sammel-Serien wie „Dans l'An 2000" oder „Moskau im Jahr 2000" sprechen durchweg optimistische Zukunftserwartungen, die nahtlos an Jules Vernes Visionen anschließen. Für die nähere Zukunft jedoch malte man sich – nicht zu unrecht – verheerende Kriege und blutige Revolutionen aus.

In den zwanziger Jahren triumphierte dann die Supertechnik. Jahr 2000, das bedeutete: einen Tunnel unter dem Atlantik hindurch, Riesenflugzeuge, ähnlich unseren

Jumbo-Jets, und schwimmende Flugplätze, Staudämme und Kraftwerke von gewaltigen Dimensionen, Autos für alle und Städte, so großartig und bedrückend wie Metropolis – ein phantastisch vergrößertes Industriezeitalter. Technik faszinierte, Soziales rückte in den Hintergrund. Und wo es wieder auftauchte, nahm der Kampf der Klassen und Nationen apokalyptische Formen an. In Upton Sinclairs Roman „Millennium"[3] wird die gesamte Menschheit durch ein Giftgas ausgerottet – bis auf einige wenige Personen, die auf einem Hochhaus den Anbruch des Jahres 2000 feiern und dann die Geschichte von kapitalistischer Ausbeutung und sozialer Befreiung in einem parabelhaften Kammerspiel von vorn durchlaufen. Die wirkliche Apokalypse – Faschismus, Holocaust und Zweiter Weltkrieg – war jedoch auch für Visionäre unvorstellbar.

Neujahrsansprachen 2000

Nach dem Zweiten Weltkrieg und besonders in den späten fünfziger und den sechziger Jahren zog das Jahr 2000 wieder die Aufmerksamkeit der Öffentlichkeit auf sich. Der Blitz der Atombombenexplosionen von Hiroshima und Nagasaki warf ein grelles Licht auf die Zukunft: Atomkrieg oder Atomfrieden? Würde die Menschheit überhaupt das Jahr 2000 erleben? Oder vorher im nuklearen Feuer verbrennen? Die ersten Siedler auf dem Mars beobachten in Ray Bradburys „Mars-Chroniken"[4] die Explosionen auf der Erde, der Planet scheint Feuer zu fangen und langsam auszubrennen. Während Warn-Utopien eine nuklear zerstörte Erde ausmalten, Ascheregen, die Schatten der Menschen auf den Häuserwänden, vielleicht den Kampf der letzten Überlebenden, hofften andere auf ein Ende des Wettrüstens und eine friedlich geeinte Menschheit: ein glückliches Atomzeitalter in Wohlstand und Überfluß. Die vorgestellte Jahrtausendwende, sei es nun Silvester 1999 oder Silvester 2000, bot Autoren von Zukunftsromanen Anlaß für imaginierte Neujahrsansprachen: „Die Völker an der Jahrtausendwende erkennen ihre Verantwortung", heißt es in dem Roman des westdeutschen Ingenieurs Karl Vogg „Menschen um 2000"[5]. „Oft genug sind sie auf dem Weg zur Menschlichkeit gestrauchelt. [...] Überschritten sind nunmehr die finsteren Stufen der Entwicklung, endgültig vorüber sind die Epochen der Selbstzerfleischung. Aus der Nacht des Hasses steigt der Geist der Versöhnung und atmet befreit das Licht des kommenden Tags. Ein neuer Mensch wird durch die Zeiten gehen!"[6]

---

3 Upton SINCLAIR: The Millennium. A comedy of the year 2000, Pasadena 1924 (dt.: Nach der Sintflut, o.O. 1925).
4 Ray BRADBURY: The Martian chronicles, Garden City/N.Y. 1950 (dt.: Die Mars-Chroniken. Science-Fiction-Roman in Erzählungen, München 1990 u.ö.).
5 Karl VOGG: Menschen um 2000. Ein Zukunftsroman, Stuttgart 1948.
6 Ebd., S. 331.

Ähnlich drückt der ostdeutsche Ingenieur Günther Krupkat im Roman „Die Unsichtbaren"[7] die Erwartungen seiner Zeit aus, wobei er als adäquaten Platz für die Ansprache eine internationale Raumstation wählt und das immer noch imperialistische Nordamerika ausklammert: „In wenigen Minuten befinden wir uns über dem nächtlichen Afrika, wo die Welle des Jubels wie überall durch die Länder gehen wird. Grüßen wir die Völker der Afrikanischen Union, die mit den vielen Millionen Europas, Asiens und Südamerikas in Freundschaft verbunden und mit ihnen gleichen Willens sind, in Glück und Frieden zu leben. Welch herrliche Perspektiven erwachsen aus diesem mächtigen Bündnis für die ganze Menschheit! Und welch große Veränderungen erfuhr unser Leben schon im Atomzeitalter! Atomkraft verwandelt Wüsten in üppige Gärten. Atomkraft vertreibt von den arktischen Küsten das ewige Eis. Sie macht uns frei von der schweren körperlichen Arbeit, sie wird zum beglückenden Element in der Hand friedfertiger Menschen."[8]

Der Wettlauf zum Jahr 2000

Wissenschaft und Technik sollten die Menschheit voranbringen, neue atomare Energiequellen erschließen, Hunger und Elend in der Welt besiegen und den Alltag in ein Leben wie im Paradies mit viel Muße und Freizeit verwandeln. Dabei befanden sich der Osten und der Westen, wie es Fritz Baade im Titel eines futurologischen Buches ausdrückte, in einem „Wettlauf zum Jahr 2000"[9]. Allerdings würde, wie Baade, Direktor des Kieler Instituts für Weltwirtschaft und Bundestagsabgeordneter der SPD, prognostizierte, bis zum Jahr 2000 der Westen hoffnungslos abgeschlagen sein. Baade stand mit seinen Vorhersagen, bei denen er sich auf ein umfangreiches Material über die Bevölkerungsdynamik und die Entwicklung der industriellen Potentiale stützte, nicht allein. Im Gefolge des Sputnikschocks ließen sich viele Zukunftsforscher – und Politiker! – zu ähnlichen Warnprognosen wie Baade hinreißen.

Baade plädierte für einen friedlichen Wettlauf, der Begriff der „friedlichen Koexistenz" kam damals gerade auf, und hoffte, daß das Ziel des Wettlaufs nicht Dominanz sein sollte, sondern eine Welt im Jahre 2000 ohne Hunger, Armut und Krieg. Die größte Gefahr für die Zukunft sah er im Wettrüsten und der nuklearen Selbstzerstörung der Menschheit, die durch „die geradezu unfaßbare Unfähigkeit leitender Politiker, für die einfachsten ihnen gestellten Aufgaben eine vernünftige Lösung zu finden", mit heraufbeschworen werde[10]. Der Ausweg – Abrüstung – lag auf der Hand, doch war Baades

---

7 Günther KRUPKAT: Die Unsichtbaren. Utopischer Roman, Berlin 1958.
8 Ebd., S. 11.
9 Fritz BAADE: Wettlauf zum Jahr 2000. Mit Gedanken zu Fragen des intersystemaren Wettbewerbs, Berlin (Ost) 1966 (1. Aufl. 1960).
10 Ebd., S. 326.

Vertrauen in die politische Elite so gering, daß er sich ein weltweites Ende des Rüstungswahnsinns nur in Form einer Science-fiction-Story vorstellen konnte.

Für die Politiker, Ideologen und auch die Zukunftsforscher des Ostens war das Rennen im Prinzip schon entschieden. 1961 dichtete der SED-Poet Max Zimmering in dem Preislied „Mit Walter Ulbricht kämpft's sich gut" anläßlich des 65. Geburtstages des Parteichefs: „Und gibt es noch der Feinde Schar/Wir werden ihr beweisen,/Das Jahr 2000 wird das Jahr/des Kommunismus heißen!"

Trotz der düsteren Prophezeiungen Baades und einiger anderer ging man aber auch im Westen in der Regel mit viel Enthusiasmus auf die vierzig Jahre lange Aschenbahn. Selbst die Micky-Maus-Hefte kamen ohne eine Reportagen-Serie „Eine Reise in das Jahr 2000" (24 Folgen vom 3. Januar bis zum 30. Mai 1959) nicht aus. Und da gab es viel zu berichten: Obstzüchter beschießen Apfelblüten mit Atomstrahlen, um Äpfel, groß wie Kürbisse, wachsen zu lassen. Das „Kugelkino" vermittelt einen Rundum-Eindruck; in „Duft-Filmen" sollen die Zuschauer die Szenerie sogar riechen können. Russische Ingenieure schicken gewaltige Atomlokomotiven auf Geleisen von 4,5 m Spurweite durch die endlosen Ebenen Asiens. In den zweigeschossigen Zügen lebt es sich bequem wie in einem Luxus-Hotel. Nahrungsmittel werden im Meer wachsen, Automaten in menschenleeren Fabriken arbeiten, Rechenmaschinen werden Diktate aufnehmen, und in den Küchen werden Mikrowellen-Geräte auf Knopfdruck die prächtigsten Gerichte zaubern. Außerdem werden im Jahr 2000 künstliche Sonnen scheinen, die, von Funkstrahlen gespeist, nachts leuchten und nach Belieben an- und ausgeknipst werden können. Sie erleuchten die Städte im hohen Norden während der langen Polarnacht.

Ein Delphi-Blick auf das Jahr 2000

Manche der großartigen Visionen von 1960 sind heute – wie die Mikrowelle – banaler Alltag geworden, andere blieben, meist glücklicherweise, eine Utopie. Das gilt auch für die Aussagen der ersten großen technologischen Delphi-Studie, der „Long Range Forecasting Study" der RAND Corporation[11], die 1964 veröffentlicht wurde. Ihr zufolge sollten im Jahr 2000 ziemlich utopische Zustände herrschen – fast wie in der Zeichentrickserie „Die Jetsons". Die Erdbevölkerung wird nach Meinung der befragten Experten zwar weiter anwachsen (auf zirka 5,1 Milliarden), aber synthetische Eiweiße, Meeresfarmen und eine effektive „Wetterkontrolle" für landwirtschaftliche Gebiete verhindern, daß die „Bevölkerungsexplosion" unlösbare Ernährungsprobleme nach sich zieht. Vielleicht aber wird ein Zuviel an Freizeit zu einem Problem? Denn Roboter erledigen alle niederen Arbeiten, und die kontrollierte Kernfusion sorgt für einen Überfluß an Energie. Infektionskrankheiten sind im Jahr 2000 abgeschafft, Erbdefekte werden gentechnisch

---

11 T. J. GORDON, Olaf HELMER: Report on a long range forecasting study, Santa Monica/Calif. 1964.

repariert, und in den Labors wachsen primitive Formen von künstlichem Leben. Raumfahrt spielt in den Apollo-begeisterten Sechzigern naturgemäß eine große Rolle: Im Jahr 2000 umkreist nicht nur eine Orbitalstation die Erde, auf dem Mond haben die ersten Bergwerke den Erzabbau aufgenommen, und eine Art SDI schützt mit gerichteten Energiestrahlen die USA gegen Interkontinentalraketen. Ob die Raketenabwehr überhaupt noch nötig ist, darf bezweifelt werden. Denn auch die Verständigung zwischen den Menschen aller Nationen funktioniert dank automatisierter Kommunikation („internationale Computer-Verständigung") viel reibungsloser als früher. Erst fünf Jahre nach Veröffentlichung der Studie wurde das ARPA-Net, der Vorläufer des Internets, installiert.

Selbst die Frauenseite der „New York Times" fand zu dieser Zeit Interesse am Jahr 2000: „Die elegante Frau des Jahres 2000 läßt vielleicht lebende Schmetterlinge um ihre Frisur flattern, angezogen von einem besonders duftenden Haarspray. Diese Frau wird nach den Voraussagen der Kosmetikindustrie ihre schlanke Linie dadurch erhalten können, daß sie sich einfach auf eine elektronisch gesteuerte Schönheitscouch legt, die ihre Fettpölsterchen wegmassiert. Zum Auffüllen von Fältchen und Runzeln werden ihr Silikon-Präparate zur Verfügung stehen."[12]

Etwas zurückhaltender zeigten sich amerikanische Futurologen. In der „überraschungsfreien Standardwelt" Herman Kahns von 1967 existiert im Jahr 2000 die Sowjetunion noch und ist wie die Vereinigten Staaten und Westeuropa deutlich postindustriell[13]. Japan steigt zur Supermacht Nr. 1 auf. Freilich sieht er bei allem grundlegenden Optimismus auch Gefahren: Umweltverschmutzung und eine mögliche technologische Krise um 1985. Auch über den Treibhauseffekt spekulierte Kahn schon; die wahre Dimension der Umweltprobleme, wie sie etwa in den Studien des „Club of Rome" beschrieben wurden, blieben ihm, dem Berufsoptimisten, und seiner Klientel aus Industrie, Politik und Militär, fremd. Lieber schrieb er von einer beginnenden Sonnensystem-Zivilisation im 21. Jahrhundert.

Das Jahr 2000 in der Krise

Mit der Einsicht in die „Grenzen des Wachstums"[14] verlor das Jahr 2000 seinen Glanz. Die Studie und manch andere, die ihr bald nachfolgten, machten deutlich, daß die Menschheit bis zu jenem magischen Datum ihre Probleme nicht nur nicht gelöst, son-

---

12 Zit. nach: Der Weg ins Jahr 2000. Perspektiven, Prognosen, Modelle, München, Wien, Basel 1968, S. 15.
13 Vgl. Herman KAHN, Anthony J. WIENER: Ihr werdet es erleben. Voraussagen der Wissenschaft bis zum Jahre 2000, Wien, München, Zürich 1968 (amerikanische Originalausgabe: The Year 2000. A Framework for Speculation on the Next Thirty-Three Years, New York u.a. 1967).
14 Dennis L. MEADOWS: Grenzen des Wachstums. Bericht des Club of Rome zur Lage der Menschheit, Stuttgart 1972.

dern vielfach verschlimmert haben würde. Das Jahr 2000 wurde zum Zielpunkt von Warn-Prophetien, die zum Glück ihre Wirkung nicht ganz verfehlten.

Sachbücher und Science-fiction-Romane malten die Konsequenzen eines hemmungslos naturzerstörerischen Wirtschaftswachstums aus: Im Jahr 2000 sind die Wälder abgeholzt oder makabre Ansammlungen kahler, abgestorbener Bäume, die Äcker sind vergiftet, die Weltmeere biologisch tot, wer sich ins Freie wagt, trägt am besten eine Gasmaske.

Ebenfalls ein düsteres Bild von der Zukunft malte „Global 2000"[15]. „Der Bericht an den Präsidenten", den Jimmy Carter in Auftrag gegeben und den Ronald Reagan nach dem Amtswechsel wohl ungelesen beiseite gelegt hatte: „Wenn sich die gegenwärtigen Entwicklungstrends fortsetzen, wird die Welt im Jahre 2000 noch übervölkerter, verschmutzter, ökologisch noch weniger stabil und für Störungen anfälliger sein als die Welt, in der wir heute leben. Ein starker Bevölkerungsdruck, ein starker Druck auf Ressourcen und Umwelt lassen sich deutlich voraussehen. Trotz eines größeren materiellen Outputs werden die Menschen auf der Welt in vieler Hinsicht ärmer sein, als sie es heute sind."[16]

Dabei übertreiben die Verfasser des Berichts noch nicht einmal und sind schon gar keine extremen Pessimisten. Denn diese sehen für das Jahr 2000 eine regelrechte Apokalypse voraus: Kriege, wahrscheinlich mit ABC-Waffen, Epidemien, Terrorismus und einen Kollaps der Weltwirtschaft.

Nach 1980 geriet das Jahr 2000 aus dem Blick: Für großartige Visionen oder Schreckensbilder war es schon zu nah herangerückt, es wurde sozusagen in den Bereich der weniger interessanten verlängerten Gegenwart hineingesogen; für politische und wirtschaftliche Planungen jedoch war es noch zu weit entfernt, und kein neuer Zielzeitpunkt erschien am Horizont. Selbst in dem tatsächlichen politischen Epochenwechsel um 1990, ausgelöst durch die Implosion des realsozialistischen Blocks, wurde das Jahr 2000 nur noch selten als Zielpunkt für Projektionen benutzt. Vielleicht mit gutem Grund: Der Geschichtsprozeß war nach langem Stillstand in Fahrt gekommen, die Ereignisse überstürzten sich, Perspektiven taten sich schneller auf, als die Öffentlichkeit sie wahrnehmen konnte, die Akteure wurden von ihren eigenen Handlungen überholt, und schon die Deutung der Gegenwart erheischte ein hohes Maß an Phantasie. Da verwundert es nicht, daß Visionen vom Jahr 2000 allzu rasch Makulatur wurden. So erging es beispielsweise einer Extra-Ausgabe der Illustrierten „Stern" vom November 1989 mit Reportagen aus dem Jahr 2000, in der es hieß: „Gut fünfzig Jahre nach der Teilung stehen die Deutschen wieder vor der Einheit der Nation. Vergangene Woche fuhr Kanzler Oskar Lafontaine durchs Brandenburger Tor zu den entscheidenden Verhandlungen über die Deutsche Konföderation nach Ost-Berlin". (S. 10)

---

15 Global 2000. Der Bericht an den Präsidenten, Frankfurt a.M. 1981.
16 Ebd., S. 25.

Nebenbei erfuhr der Stern-Leser, daß zwei Millionen Menschen durch Nuklearschläge zwischen Indien und Pakistan getötet wurden, Liz Taylor zum x-ten Male heiratet (diesmal im Spaceshuttle), das ISDN-System in Hannover für einen Tag ausgefallen ist und das Weltwährungssystem vor dem Zusammenbruch steht. Kurzum: Business as usual.

Das Jahr 2000 als Bildschirmschoner

Im Jahr 1999 läuft der Countdown. Bildschirmschoner zählen die Tage bis zum angeblichen Starttermin des neuen Millenniums: noch 245 Tage, noch 244, noch 243. In New York und London stehen Uhren, die die Stunden bis zum Anbruch des neuen Säkulums herunterticken, Swatch verkauft Jahr-2000-Uhren – und in den Computern lauert das „Jahr-2000-Computerproblem" auf seinen Auftritt. Informatiker werden knapp.

Die Hotels auf der Pazifikinsel Kiribati, wo die Sonne des neuen Jahrtausends zuerst aufgeht, sind lange vor der Jahreswende ausgebucht. „Millennium-Flüge" werden angeboten: Da startet, wenn das neue Jahrtausend anbricht, ein Jumbo-Jet irgendwo nahe der Datumsgrenze und jagt rund um den Globus der imaginären Linie nach, wo das Alte Jahr in das Neue übergeht. 24 Stunden lang genau Mitternacht. 24 Stunden lang klirrende Champagnergläser. Deren Stiele aber – die der Sektkelche – sind oft genug aus einer gläsernen Zwei und darunter drei Nullen geformt. Millennium-Merchandising für die einmalige Benutzung. Streichholzschachteln tragen den Aufdruck „2000", Tischuhren und Radios sind als die magische Zahl geformt. Das Millennium durchdringt den Alltag.

1999 n.Chr. haben Prognosen, Projektionen, Vorhersagen, Ausblicke, Zukunftsvisionen Hochkonjunktur. Das Internet quillt über von Millennium-Aktivitäten. Große Konzerne wie die British Telecom geben Technologie-Kalender heraus. Hörfunk und Fernsehen stellen sich auf das Thema ein. Journalisten dringen in Experten und solche, die es sein wollen, und befragen sie zu künftiger Arbeitslosigkeit, zur Zukunft des Sex und des Autos, nach Epidemien, Kometeneinschlägen, Globalisierung, Klimakatastrophe und Teleshopping und wollen wissen, ob im nächsten Jahrhundert die Menschheit nun untergeht oder von Außerirdischen besucht wird. Und obwohl die Befragten – mit Ausnahme einiger Sektierer, denen höhere Erleuchtung zuteil geworden ist – betonen, daß sie keine exakten Prognosen abgeben, sondern nur Möglichkeiten aufzeigen können, kursieren immer wieder Jahreszahlen.

1999 wird auch Nostradamus wieder einmal ausgegraben, angeblich soll laut einer seiner Centurien die Welt kurz vor dem großen Zapfenstreich im November untergehen. Fernsehserien nennen sich schlicht „Millennium", bräunliche, rötliche und düstere Farben sind im Design der Serien „in", die Buchstaben bekommen Widerhaken oder lehnen sich an altkeltische Formen an, oder was man dafür hält, man interessiert sich plötzlich für das Jahrtausend-Zittern kurz vor 1000 A.D.: Wie geht man mit dem nahenden Weltuntergang um?

Eine Welle apokalyptischer Fiktionen und Sachbücher überschwemmt die USA. Christlich-fundamentalistische Sekten verbreiten die neue Unheilslehre, daß das in der Offenbarung des Johannes prophezeite Reich des Antichrist unmittelbar bevorstehe. Dutzende von religiösen Trivialromanen bedienen die Weltend-Erwartungen, schildern die Omen des nahenden Endes, das Armageddon und die Errettung der 144 000 Auserwählten. Um nur zwei, noch vergleichsweise hochwertige Beispiele zu nennen: In Glenn Kleiers „Der letzte Tag"[17] entsteht durch einen Meteoriteneinschlag in einem israelischen Forschungslabor ein weiblicher Messias, „Jesa", der mit dem amerikanischen Präsidenten konferiert und schließlich von Salt Lake City aus die Menschen bekehrt. Jane Jensens „Millennium Rising"[18] dagegen liest sich wie eine Art Live-Bericht über das beginnende Jüngste Gericht.

Erstaunlich ist, welche Menge von düsteren, fast eschatologischen Fernsehserien – im Gefolge von „Akte X" – noch bis auf die deutschen Bildschirme gelangt, von „Poltergeist" bis „Psi-Faktor", und welch eklektizistisches Gemenge von christlichen und heidnischen Versatzstücken das herannahende Millennium hervorruft.

2000: Ende der Utopien?

Daß das Jahr 2000 nur einen Datumswechsel, nicht aber eine Zeitenwende markiert, ist schon an dem Fehlen echter, also emotional aufgeladener, überspannter Utopien abzulesen. Dem Häuflein derer, die im ausgehenden zwanzigsten Jahrhundert noch ein Utopiedefizit beklagten, wehte der neoliberalistische Zeitgeist scharf ins Gesicht. Zudem galt es geradezu als ein Kennzeichen der Postmoderne, daß sie gemäß ihrer Absage an die „großen Erzählungen" keine Utopien mehr hervorbringt. Und nach dem Ende der realsozialistischen Regimes, die mit einem utopischen Anspruch angetreten waren, hatten in den Augen vieler alle Weltverbesserungspläne verspielt. So begrüßte Joachim Fest in „Der zerstörte Traum"[19] das Ende der Utopien, und Francis Fukuyama behauptete sogar das „Ende der Geschichte"[20] im Gefolge des weltweiten Sieges der Marktwirtschaft. Handel und Wandel ohne Grenzen und ohne Ende – das ist die neue Utopie des globalisierten Marktes. Wen wundert es da noch, daß das reale Jahr 2000 keine politischen Visionen, keine Pläne

---

17 Glenn KLEIER: The Last Day, London 1997 (dt.: Der letzte Tag, München 1998).
18 Jane JENSEN: Millennium Rising, New York 1999 (als Paperback unter dem Titel „Judgment Day", New York 2000).
19 Joachim C. FEST: Der zerstörte Traum. Vom Ende des utopischen Zeitalters, Berlin 1991.
20 Francis FUKUYAMA: The End of History and the last Man, London 1992 (dt.: Das Ende der Geschichte. Wo stehen wir?, München 1992).

großen Stils, ja noch nicht einmal nennenswerte politische Zukunftsrhetorik hervorbringt? Kreuzbrav schreibt das Bundeswirtschaftsministerium sein Programm „Produktion 2000" durch „Produktion 2000+" fort ...

Vielleicht ist es nicht übertrieben zu behaupten, daß die Utopie, die bei Morus einst im räumlichen Nirgendwo antrat und später durch das Fortschrittsdenken verzeitlicht und in die Zukunft, das prognostizierte Irgendwann, versetzt wurde, nun, ihrer sozialen Kräfte beraubt, ins Virtuelle zurückfällt. Abzulesen ist dies zum einen an der wachsenden Anzahl von Alternativgeschichtspublikationen. Doch ist die fiktive Geschichte etwa in den Sammelbänden „Was wäre wenn. Alternativ- und Parallelgeschichte: Brücken zwischen Phantasie und Wirklichkeit"[21] und in „Alexanders langes Leben, Stalins früher Tod"[22] ganz im Sinne der Postmoderne eher ein Spiel mit Möglichkeiten als echte „Uchronie", nostalgisches Neuschreiben der Weltgeschichte auf der verzweifelten Suche nach verpaßten Chancen für einen glücklicheren Verlauf, die es vielleicht nie gab.

Zum anderen steht utopisch-visionäres Denken um 2000 im Banne der neuen Technologien. Cyberspace, Internet, Mobilfunk, eine bessere Welt dank Digitalisierung und Medienkonvergenz. Telearbeit, Telelernen, E-Business, virtuelle Unternehmen. Die Propheten des Internetzeitalters sind Erfinder-Unternehmer wie der Microsoft-Gründer Bill Gates[23] oder Bill Joy, der Software-Architekt der Firma Sun Microsystems, der erst im amerikanischen Szeneblatt „Wired" und später in der „Frankfurter Allgemeinen Zeitung"[24] provoziert: „Warum die Zukunft uns nicht braucht". Der Software-Konstrukteur Ray Kurzweil[25] und der Robotik-Forscher Hans Moravec[26] proklamieren, daß der gute alte Homo sapiens ein Auslaufmodell sei! Der Mensch sei ins Zeitalter seiner technischen Perfektionierbarkeit und industriellen Reproduzierbarkeit eingetreten, Roboter und Künstliche Intelligenzen werden ihn bald in seinen geistigen Fähigkeiten übertreffen ... Von den USA herüberschwappend, kommt auch in Deutschland die „Posthumanismus"-Diskussion in Gang. Der Philosoph Peter Sloterdijk sieht Ansätze zu jenem „Menschenpark", in dem unsere Nachfahren wie die Tiere im Zoo leben werden[27].

Als ein Beispiel für die neuerliche technische Utopie mag der amerikanische Physiker Michio Kaku stehen. Kaku, der Dutzende von Forschern befragt hat, beschreibt in seinem Buch „Zukunftsvisionen. Wie Wissenschaft und Technik des 21. Jahrhunderts unser

---

21 Michael SALEWSKI (Hrsg.): Was wäre wenn. Alternativ- und Parallelgeschichte: Brücken zwischen Phantasie und Wirklichkeit, Stuttgart 1999 (= Hist. Mitteilungen, Beiheft 36).
22 Erik SIMON (Hrsg.): Alexanders langes Leben, Stalins früher Tod und andere abwegige Geschichten. Erzählungen und Berichte aus Parallelwelten, München 1999.
23 Bill GATES: Der Weg nach vorn. Die Zukunft der Informationsgesellschaft, Hamburg 1995.
24 Frankfurter Allgemeine Zeitung vom 6. Juni 2000.
25 Ray KURZWEIL: Homo sapiens. Leben im 21. Jahrhundert – was bleibt vom Menschen?, Köln 1999.
26 Hans P. MORAVEC: Mind children. The future of robot and human intelligence, Pittsburgh/PA 1986.
27 Peter SLOTERDIJK: Regeln für den Menschenpark. Ein Antwortschreiben zu Heideggers Brief über den Humanismus, Frankfurt a.M. 1999.

Leben revolutionieren"[28] Innovationen bis weit ins kommende Jahrhundert hinein: Bis 2020 werden die Computerchips so billig und verbreitet sein wie Notizpapier und in den letzten Winkel des Alltags eindringen. Die Erbinformation von Tausenden verschiedenen Lebewesen wird bekannt sein, auch wird jeder, der es will, seinen persönlichen DNS-Code kennen. Damit werden auch viele Krankheiten – unter ihnen Krebs – heilbar sein. Von 2020 bis 2050 werden sich verblüffende neue Technologien wie dreidimensionales Fernsehen, Kernfusion, Nanomaschinen durchsetzen. Vielleicht wird es Roboter mit menschenähnlichem Verstand geben. Viele Alterskrankheiten wird man bekämpfen, womöglich das Leben der Menschen drastisch verlängern können. Für die Zeit nach 2050 sind die Konturen der Zukunft weniger deutlich auszumachen. Allmählich könnten die Roboter ein gewisses Maß an eigenem Bewußtsein erlangen. Man wird völlig neue Lebewesen erschaffen können, was eine weitere Revolution für die Erzeugung von Nahrungsmitteln und die Medizin nach sich ziehen wird. Raketen, die andere Sternsysteme erreichen, und selbst Weltraumkolonien kommen in den Bereich des Machbaren.

Die Technologie-Hysterie erreicht kurz vor Jahresende 1999 ihren Höhepunkt, „dot.coms" (Internet-Firmen) und neuer Markt boomen, und schon beginnen selbst nüchterne Ökonomen daran zu glauben, daß die „new economy" mit ihrer Internet-gestützten friktionsfreien Arbeitsweise den alten Konjunktur-Krise-Zyklus aushebelt. Im Frühjahr 2000 ist der Traum vorbei. Statt des „Long Boom"[29] folgt ein Crash auf Raten.

Das Jahr 2000 – ein Computerproblem

Die Jahr-2000-Uhr von Swatch zeigt die Internet-Zeit. Die Internet-Zeit, die den Tag in 1000 „beats" zerlegt, gilt global. Keine Zeitzonen mehr, keine Umrechnung. Wenn du sagst, du willst um @328 mit mir chatten, dann weiß ich, egal wo ich mich auf der Welt befinde, wann du im Chatroom anzutreffen bist. Der Internet-Tag beginnt mit @000 um Mitternacht BMT, Biel Meridian Time, – nach der Schweizer Stadt Biel/Bienne, wo Swatch seinen Hauptsitz hat. Bei @500 ist dort Mittagszeit und der Internet-Tag halb um. Die alte babylonische Zeitrechnung mit ihrem Sechziger-System gehört endlich abgeschafft!

Unterschwellig ist zwar weithin die Erkenntnis verbreitet, daß erst per 1.1.01 das „neue Millennium" beginnt; immer wieder klären Wissenschaftler – oder das Schweizer Uhrenmuseum auf seinen Webseiten – darüber auf. Doch wen stört dies, wenn es eine

---

28 Michio Kaku: Zukunftsvisionen. Wie Wissenschaft und Technik des 21. Jahrhunderts unser Leben revolutionieren, München 1998 (amerik. Original 1997).
29 Peter Schwartz, Peter Leyden, Joel Hyatt: The long boom. A vision for the coming age of prosperity, London 2000.

„Schnapszahl" zu feiern gilt! Das Millennium wird von den Medien gemacht – und vom Millennium-Bug!

In der realen Online-Wirklichkeit ist erstmals ein Jahrhundertwechsel mehr als eine rein numerische Zeitenwende, mehr als eine rein symbolische Zäsur. Die „symbolische" Technologie der Computer macht es möglich: Das Datum – eingebettet in den Chips – wird zur physischen Gewalt. Und überall in den Computern sowie in Millionen Chips in allen möglichen Geräten, Apparaten, Maschinen lauert der „Y2k-Bug", der „Year-2000-Bug". Tatsächlich bietet die Datumswanze („bug" = „Wanze", Computerfehler) Anlaß für apokalyptische Visionen. Schlägt der Millennium-Bug zu, spielen die Geräte verrückt, fallen die Computer aus, brechen Telefon- und Energienetze zusammen. Polizei und Feuerwehr werden hilflos. Selbst in den Krankenhäusern versagt die Technik. Testläufe während des Jahres 1999 ergeben immer wieder Probleme. Und besteht nicht die Gefahr, daß die Chips in den Raketenbasen durchdrehen, der Millennium-Bug den Nuklearkrieg auslöst?

Selbst nüchterne Börsen-Analysten fallen der Computerapokalyptik anheim. Sie sagen den millennialen Crash vorher: Gerät die Wirtschaft, vom Millennium-Bug getroffen, ins Straucheln, gehen auch über dem Parkett die Lichter aus, Aktienwerte versinken ins Bodenlose, Prophezeiungen kursieren, daß das Bruttoinlandsprodukt bis zu 30 Prozent und mehr einbricht.

Unter solchen Bedingungen ist Überleben angesagt. In den USA werden dreimal so viel Sixpacks Army-Fertignahrung verkauft wie sonst. Manch einer schafft sich eine Survival-Ausrüstung an, belegt noch schnell einen Kurs, wie man Wasser abkocht, und zieht kurz vor Silvester in eine Blockhütte in Montana, um von dort aus dem Zusammenbruch der High-Tech-Zivilisation zuzuschauen, bis der Fernseher nur noch ein Rauschen von sich gibt. Notstromaggregate finden sogar in Deutschland reißenden Absatz.

Am Millennium-Bug wird die Brüchigkeit der Industriegesellschaft, werden verdrängte Befürchtungen und uralte Reaktions- und Fluchtmuster für einen Augenblick der Geschichte schlaglichtartig deutlich.

Entsprechend groß sind die Anstrengungen, die man weltweit gegen das „Jahr-2000-Computerproblem" unternimmt. Wie viele Behörden anderer Staaten legt auch das Bundesforschungsministerium ein spezielles Programm auf. Überall arbeitet man verzweifelt daran, sämtliche Programme zu überprüfen, sämtliche Y2k-Bugs auszumerzen. Fachzeitschriften melden, wie viel Prozent der Unternehmen schon „Jahr-2000-tauglich" sind und fordern ihre Leser auf, sich von den Zulieferern oder den Stromversorgern deren „Y2k-compliancy" bestätigen zu lassen. Eine ungeheure Aufgabe, die Milliarden verschlingt und der Computerbranche einen Extra-Boom verschafft. Aber, witzeln die Eingeweihten, das Jahr-2000-Problem wird garantiert erfolgreich bewältigt – spätestens bis zum Jahr 2005.

Manche Fluggesellschaften haben daher vorsichtshalber die Silvesterflüge gestrichen. Ausgenommen die Korean Air, die ihren Managern Luftreisen für pünktlich 0:00 Uhr verordnet hat. Sie sollen dadurch motiviert werden, dem Problem mit allem Nachdruck nachzugehen.

Am Ende des Wettlaufs zum Jahr 2000 muß die Welt unter Beweis stellen, daß sie wirklich „Jahr-2000-tauglich" ist. Nur dann wird das neue Zeitalter glücklich anbrechen.

Events weltweit

Die Jahreswende 1999/2000 ist die erste wirklich globale Jahrhundertwende. Selbst islamische Staaten vermögen sich dem Sog der globalen Party nicht zu entziehen, die Erde ist kalendarisch verwestlicht und kulturell amerikanisiert. Zumindest in der Feier des neuen Millenniums ist die Welt friedlich vereint, so wie es sich um 1900 und um 1950 die Fortschrittsoptimisten ausmalten.

Internetseiten wie z.B. www.earthcam.com ermöglichen durch Webcams einen Blick auf die Schauplätze des Geschehens rund um den Globus. Auch das Fernsehen ist in aller Welt dabei. Bereits am Nachmittag gibt es in den deutschen Sendern Live-Schaltungen zum Pazifik, dann nach Tokyo und Sydney. Noch sitzt man mit geheimem Bangen vor der bunten Mattscheibe: „Schlägt der Millennium-Bug zu?" Erleichtertes Aufatmen: Erst Kiribati, dann Australien und Japan melden, der Datumswechsel sei glücklich überstanden. Bald übertönt das Getöse der globalen Party in London, Paris, New York das letzte leise Zittern. Das ist die mediale Online-Wirklichkeit: Die Menschheit beobachtet sich selbst, während das Jahr 2000 naht ...

Auf dem Times Square in New York findet eine riesige Neujahrs-Party mit einer Million Beteiligten statt. In Taos/Neumexiko wird das neue Jahrtausend „eingetrommelt". Religiöse Führer, die sich in der United Religions Initiative zusammengeschlossen haben, laden an sechs verschiedenen Orten zu einem Moment spiritueller Besinnung ein. Und selbstverständlich wird im Heiligen Land, in Israel und in Palästina, das Heilige Jahr 2000 gebührend empfangen – obwohl Muslims wie Juden der Millenniums-Rummel eigentlich kalt lassen sollte, denn sie befinden sich nach ihren Kalendern in den Jahren 1420 beziehungsweise 5760.

Zwölf junge Leute sind auf drei verschiedenen Routen vom Nordpol zum Südpol unterwegs. Außerdem startet zu Neujahr eine weltweite Radtour „Odyssee 2000". Punkt Mitternacht werden zudem überall auf der Welt Fotos geschossen und zu einem „World Millennium Snapshot" zusammengefügt. Pünktlich Mitternacht wird auch der neu erbaute Londoner „Millennium Dome" eröffnet. Ein Teil der Chinesischen Mauer wird durch eine Satelliten-Lasershow angestrahlt. Auch die Großen Pyramiden von Gizeh werden von Licht übergossen, eine Multimediashow, organisiert von der Millennium Society, zelebriert dort den Anbruch des neuen Zeitalters. Zugleich findet am Fuß der Cheopspyramide ein Ball statt. Und in Paris legt der

Eiffelturm ein riesiges Ei. Als es auf dem Boden aufschlägt, purzeln hunderte Fernseher heraus, die Programme aus allen Weltgegenden zeigen. Selbstbeobachtung symbolträchtig inszeniert.

Ab und an nur komplettieren gelegentliche Versagensmeldungen das positive Bild: In der Berliner Feuerwehrzentrale stürzen die Computer ab. Der Millennium-Bug wird, wie so vieles um das Jahr 2000, ein Flop.

Coda: Silvester 2000

„Das Jahr 2000 findet nicht statt" behauptete 1990 der französische Philosoph Jean Baudrillard im Titel eines Essays[30]. Tatsächlich ist die Welt heute weit von den Visionen des Films „Metropolis" oder eines lichten – und strahlenden! – Atomzeitalters entfernt. Auch hatte kein ernst zu nehmender Futurologe erwartet, daß im Jahr 2000 Deutschland wieder vereinigt und das mächtige Sowjetimperium zusammengebrochen sein würde. Die Raumfahrt ist trotz der Internationalen Raumstation ISS weit hinter den Hoffnungen der fünfziger und sechziger Jahre zurückgeblieben, dagegen kann heute jeder Haushalt über eine Rechnerleistung verfügen, die den Konstrukteuren der ersten Elektronengehirne völlig phantastisch anmuten müßte – allerdings nutzen wir sie meist nicht für wissenschaftliche Berechnungen, sondern zum Chatten oder Spielen! Mit der schrittweisen Einführung der gemeinsamen Währung schreitet auch die europäische Einigung voran. Doch was, historisch gesehen, die Verwirklichung einer Utopie ist, besitzt keinerlei visionäre Strahlkraft mehr, nicht einmal der Euro verleiht ihr Glanz. Offensichtlich wird Europa unterbewertet, wie der Euro selbst.

Während zur letzten Säkularwende das Jahr 2000 vielfach als Zielpunkt für Zukunftsvisionen diente, ist heute kein neues magisches Datum in Sicht. 2100 ist untauglich, es erscheint weiter entfernt als unseren Urgroßeltern das Jahr 2000 – vielleicht mit gutem Grund. Internetjahre sind Hundejahre, in einem Internetjahr bewegt sich so viel wie früher in sieben Kalenderjahren. Die allgegenwärtige Beschleunigung – insbesondere der Innovationsprozesse – verkürzt die Horizonte der Vorausschau und bringt auch das utopische Denken ins Schleudern. In den Zeitraum bis 2100 scheint ein ganzes Millennium zu passen, unüberschaubar und schier endlos. Einige extremistische Futurologen spekulieren sogar darüber, daß weltweite Computer-Vernetzung, Künstliche Intelligenzen und/oder die Verkopplung des Menschen mit Intelligenztechnologien die Entwicklungen noch rascher vorantreiben. Schon sehen sie vor uns eine „Singularität": den Punkt, an dem sich alle technischen und sozialen Prozesse auf Unendlich beschleunigt haben werden, hinter den wir deshalb nicht blicken können. Nach Berechnungen von Vernor

---

30   Jean BAUDRILLARD: Das Jahr 2000 findet nicht statt, Berlin 1990.

Vinge, Mathematiker an der San Diego State University in Kalifornien und Science-fiction-Autor, könnte es 2035 so weit sein[31].

Die mathematisch korrekte Jahrhundert- und Jahrtausendwende kam antiklimaktisch. Silvester 2000 wurde ein Silvester ohne Glanz und Gloria, das „neue Millennium" brach mit fast erschreckender Normalität an. In Kuala Lumpur stürzten sich zwar pünktlich zur Mitternacht 50 Paraglider von den Petronas Twin Towers, um im freien Fall die Zeitgrenze zum neuen Jahrtausend zu durchbrechen, doch die großen Silvesterparties in Berlin oder New York konnten es mit denen von 1999 nicht aufnehmen. Die Millenniums-Feuerwerksraketen waren ein Jahr zu früh verschossen worden.

Nachträglich gesehen, ist das Jahr 2000 ein utopisches Konstrukt. Es verkörperte die Sehnsucht nach dem gelungenen Fortschritt. Es war Projektion aller Wünsche des 19. und 20. Jahrhunderts. Könnte es nicht doch sein, daß die Realität des Millenniums der Gipfel, die erreichte Utopie ist? Der Science-fiction-Film „Matrix", der 1999 in die Kinos kam, behauptet dies. In „Matrix" ist die Umwelt zerstört. Boshafte künstliche Intelligenzen, die die Menschen als Energiespender benutzen, haben für ihre lebenden Batterien die Welt um die Jahrtausendwende als computersimulierte virtuelle Realität nachgebaut – denn genau damals befand sich die Menschheit auf ihrem Höhepunkt.

Die historischen Zukunftsvisionen sind nun verbraucht. Aus dem ehemals glänzenden Jahr 2000 ist ein mittelmäßiges Jahr am Ende eines Jahrhunderts voller unvorstellbarer Schrecken und voller menschlicher Sternstunden geworden. Und zugleich ist es der Auftakt zu einem ungewissen neuen Jahrhundert.

---

31 Vernor VINGE: The Singularity, 1993, http://kuoi.asui.uidaho.edu/~kamikaze/documents/vinge.html [4. März 2002].

Die Autoren

Dr. Hans-Peter Becht, geb. 1955 in Pforzheim, Studium und Promotion in Mannheim, 1981 bis 1985 wissenschaftlicher Mitarbeiter am Institut für Sozial- und Wirtschaftsgeschichte der Universität Heidelberg, seit 1986 Leiter des Stadtarchivs Pforzheim, Lehrbeauftragter für neuere und neueste Geschichte an der Universität Stuttgart. Arbeits- und Interessenschwerpunkte: Geschichte des Parlamentarismus und der politischen Parteien, moderne Stadtgeschichte, Geschichte der Bundesrepublik Deutschland, Mitherausgeber der Reihen „Stadt in der Geschichte" und „Pforzheimer Gespräche zur Sozial-, Wirtschafts- und Stadtgeschichte", Mitglied des Kuratoriums für vergleichende Städtegeschichte, Münster, stellvertretender Vorsitzender des Südwestdeutschen Arbeitskreises für Stadtgeschichtsforschung.

Prof. Dr. Gerhard Fouquet, geboren 1952 in Ludwigshafen am Rhein, Studium in Saarbrücken, Gießen und Mannheim. Von Mitte 1980 bis Ende 1981 wissenschaftlicher Mitarbeiter am Generallandesarchiv in Karlsruhe, von Ende 1981 bis März 1996 Wissenschaftlicher Mitarbeiter, Hochschulassistent und zuletzt Akademischer Rat an der Universität-Gesamthochschule Siegen. Seit dem 1. April 1996 Professor für Wirtschafts- und Sozialgeschichte an der Christian-Albrechts-Universität zu Kiel. Arbeits- und Interessenschwerpunkte: Sozial- und Wirtschaftsgeschichte des Spätmittelalters (13. bis 16. Jahrhundert), vor allem die Sozialgeschichte der mittelalterlichen Kirche, die Verfassungs- und Wirtschaftsgeschichte der deutschen Fürstentümer, die Kultur von Stadtbürgertum und Adel (Ernährung, Wohnen, Fest, Familie), die Sozialgeschichte der Arbeit sowie die Umweltgeschichte (Urbanisierung und „Stadthygiene", Stadt und Wald etc.). Mitherausgeber der „Vierteljahrschrift für Sozial- und Wirtschaftsgeschichte" und der „Pforzheimer Gespräche zur Sozial-, Wirtschafts- und Stadtgeschichte", Mitglied des Kuratoriums für vergleichende Städtegeschichte, Münster, und seit 1998 Mitglied des Vorstands des Südwestdeutschen Arbeitskreises für Stadtgeschichtsforschung.

Prof. Dr. Johannes Fried, geboren 1942 in Hamburg, Studium, Promotion und Habilitation an der Universität Heidelberg. Von 1980 bis 1982 Professor an der Universität zu Köln, seit 1983 an der Johann Wolfgang Goethe-Universität Frankfurt am Main. Arbeits- und Interessenschwerpunkte: Geschichte des Früh- und Hochmittelalters, Geschichte von Bildung und Wissen, politisches Denken im Mittelalter, Rechtsgeschichte sowie Mündlichkeit, Schriftlichkeit und Gedächtniskultur. 1995/96 Fellow am Institute for Advanced Study in Princeton, Preisträger des Historischen Kollegs der Bayerischen Akademie der Wissenschaften, Mitglied der Zentraldirektion der Monumenta Germaniae Historica, Ordentliches Mitglied der Akademie der Wissenschaften und der Literatur, Mainz, Korrespondierendes Mitglied der Österreichischen Akademie der Wissenschaften und der Göttingischen Akademie der Wissenschaften und Sprecher des Forschungskollegs „Wissenskultur und gesellschaftlicher Wandel". Mitherausgeber des „Deutschen Archivs zur Erforschung des Mittelalters".

Prof. Dr. Michael Salewski, geboren 1938 in Königsberg, Studium in Saarbrücken, Besançon und Bonn. Von 1965 bis 1980 Assistent, dann Dozent und apl. Professor am Historischen Seminar der Universität Bonn, seit 1980 Inhaber eines Lehrstuhls für Mittlere und Neuere Geschichte an der Christian-Albrechts-Universität zu Kiel. Arbeits- und Interessenschwerpunkte: Allgemeine Geschichte des 19. und 20. Jahrhunderts, deutsche und europäische Geschichte von den Anfängen bis zur Gegenwart, Militär- und Geistesgeschichte, Geschichte der Science-fiction und der Frauen. 1984–2000 Vorsitzender der „Ranke-Gesellschaft, Vereinigung für Geschichte im öffentlichen Leben", Herausgeber der Zeitschrift „Das Historisch-Politische Buch", Mitherausgeber der „Historischen Mitteilungen".

Angela Steinmüller, geboren 1941 in Schmalkalden, Berlinerin, zunächst beschäftigt u.a. in der Geschäftsstelle der Evangelischen Studentengemeinden in der DDR, dann Abitur am Abendgymnasium und Mathematikstudium in Berlin, Diplom-Mathematikerin. Nach Tätigkeiten im EDV-Bereich seit 1980 freie Autorin. Derzeitige Arbeits- und Interessenschwerpunkte: Recherchen für das wissenschaftshistorische Einstein-Projekt der Boston University, Geschichte der Science-fiction, aktuelle Zukunftsvisionen. Gemeinsam mit Karlheinz Steinmüller Verfasserin von drei Science-fiction-Romanen, einer Biographie über Charles Darwin sowie zahlreicher Erzählungen, einiger Hörspiele und Essays. 1988 zusammen mit Karlheinz Steinmüller Gewinnerin des „Prix Européen de la Science-Fiction" und des „Traumkristall"-Preises, Gewinnerin des „Kurd-Laßwitz-Preises" 1992 für ihre Kurzgeschichte „Der Kerzenmacher". Jüngste Buchpublikation (mit Karlheinz Steinmüller): „Visionen. 1900 – 2000 – 2100. Eine Chronik der Zukunft" (1999).

Dr. Karlheinz Steinmüller, geboren 1950 in Klingenthal, Studium der Physik und Philosophie in Chemnitz und Berlin, Diplom-Physiker, 1977 Promotion zum Dr. phil. mit einer Studie über „Die Maschinentheorie des Lebens. Philosophische Probleme des biologischen Mechanizismus". Wissenschaftlicher Mitarbeiter am Zentralinstitut für Kybernetik und Informationsprozesse der Akademie der Wissenschaften der DDR, Beschäftigung mit Fragen der mathematischen Modellierung, Computersimulation und Steuerung von Ökosystemen, von 1982 bis 1991 freier Schriftsteller, danach Wissenschaftler und Projektmanager am SFZ (Sekretariat für Zukunftsforschung, Gelsenkirchen), seit 1997 Gesellschafter und seit 2001 wissenschaftlicher Direktor der Z_punkt GmbH, Büro für Zukunftsgestaltung, Essen und Berlin, beschäftigt mit Zukunftsstudien für Unternehmen und im öffentlichen Auftrag. Arbeits- und Interessenschwerpunkte: künftige Technologien und ihre potentiellen Folgen, Grundlagen- und Methodenfragen der Zukunftsforschung. Verfasser von Science-fiction (in der Regel in Koautorschaft mit Angela Steinmüller) sowie zahlreicher Essays und wissenschaftlicher Arbeiten.

Die folgenden Bücher sowie das komplette Buchprogramm sind im Buchhandel erhältlich oder direkt beim
verlag regionalkultur:

Simon M. Haag / Andrea Bräuning
Pforzheim
Spurensuche nach einer untergegangenen Stadt

unter Mitarbeit von Annegret Kotzurek

Hans-Peter Becht / Jörg Schadt (Hrsg.)
Wirtschaft – Gesellschaft – Städte
Festschrift für Bernhard Kirchgässner zum 75. Geburtstag

Die Stadt Pforzheim wurde im 2. Weltkrieg zu 80 % zerstört. Anhand archäologischer Fundstellen und Archivmaterialien lässt der Autor das untergegangene Pforzheim wieder auferstehen. Erhaltene und verschwundene historische Gebäude sowie sämtliche Fundstellen in Pforzheim werden vorgestellt und kenntnisreich erläutert.

Archäologischer Stadtkataster Baden-Württemberg. Bd. 15; Materialien zur Stadtgeschichte der Stadt Pforzheim. Bd. 15. Hrsg. vom Landesdenkmalamt Baden-Württemberg und der Stadt Pforzheim.
240 S. mit 221 Abb. u. 4 großformatigen Karten.
ISBN 3-89735-168-4.

Die Festschrift für den emeritierten Ordinarius für Wirtschafts- und Sozialgeschichte an der Universität Mannheim enthält Beiträge zur Wirtschafts- und Sozialgeschichte sowie zur Stadtgeschichte vor allem Südwestdeutschlands.

Mit Beiträgen von Wilfried Ehbrecht, Jörg Schadt, Ulrich Andermann, Helmut Flachenecker, Michael Diefenbacher, Gerhard Fouquet, Edith Ennen, Rolf Kießling, Kurt Wesoly, Bernd Roeck, Friedrich Teutsch, Wolfgang Klötzer, Peter C. Hartmann, Olaf Schulze, Fritz Reuter, Hans-Jürgen Kremer, Hans-Peter Becht, Clemens Zimmermann, Jürgen Gysin, Ernst Otto Bräunche und Ulrich Nieß.

357 S. mit 14 Abb., darunter ein Porträt des Jubilars, fester Einband in Leinen.
ISBN 3-929366-82-7.

verlag regionalkultur
Stettfelder Straße 11 – 76698 Ubstadt-Weiher
Telefon (07251) 69723 – Fax 69450
Internet: www.verlag-regionalkultur.de

Die **Pforzheimer Gespräche zur Sozial-, Wirtschafts- und Stadtgeschichte** im

verlag regionalkultur
Stettfelder Straße 11 – 76698 Ubstadt-Weiher
Telefon (07251) 69723 – Fax 69450
Internet: www.verlag-regionalkultur.de

Das Stadtarchiv Pforzheim führt in jedem Jahr Kolloquien zu unterschiedlichen Themen aus der sozialen, wirtschaftlichen und städtischen Geschichte Deutschlands und Europas durch und will dabei insbesondere jüngeren Forscherinnen und Forschern ein Forum des notwendigen wissenschaftlichen Austausches schaffen.

Die Ergebnisse dieser Tagungen werden in einer eigens dafür ins Leben gerufenen Buchreihe – den **Pforzheimer Gesprächen zur Sozial-, Wirtschafts- und Stadtgeschichte** – publiziert.

Band 1:
Harm von Seggern / Gerhard Fouquet (Hrsg.)
Adel und Zahl
Studien zum adligen Rechnen und Haushalten in Spätmittelalter und früher Neuzeit

Mit Beiträgen von Gerhard Fouquet, Matthias Steinbrink, Michael Rothmann, Bernd Fuhrmann, Volker Hirsch, Andreas Bingener, Kurt Weissen, Holger Kruse, Ulf C. Exert, Harm von Seggern, Stephan Selzer, Karsten Plöger, Holger Kölsch und Barbara Kink.
320 S. mit 32 Abb.
ISBN 3-89735-149-8.

Band 2:
Christian Groh (Hrsg.)
Öffentliche Ordnung in der Nachkriegszeit

Mit Beiträgen von Stefan Noethen, Christian Groh, Kurt H.G. Groll, Gerhard Fürmetz, Dagmar Ellerbrock und Michaela Freund.
160 S. mit 3 Abb.
ISBN 3-89735-188-9.

in Vorbereitung:

Band 3:
Paul Erker (Hrsg.)
Der Lastenausgleich in Deutschland

Band 4:
Gerhard Fouquet (Hrsg.)
Städtischer Konsum im Spätmittelalter und in der frühen Neuzeit